1784

네이버의 두 번째 사옥
1784를 만들기까지 TF 멤버들이
도전한 2,000일간의 기록

1784

2016년 12월에 공사를 시작해
2022년 7월부터 입주를 시작한
네이버 제2사옥

1784는 네이버의 새로운 사옥 이름이자 지번이며,
동시에 최초의 산업혁명이 시작된 해다.
산업혁명이 인류의 삶을 바꾼 것처럼 1784 역시
거대한 테스트베드 TESTBED로써 끊임없이 실험하고
도전하며 새로운 내일을 만들어가는 공간이다.

연면적: 약 5만 평
입주 인원: 약 5,200명
규모: 지하 8층 ~ 지상 28층
위치: 경기도 성남시 분당구 정자동 178-4

네이버 1784를 다녀가는 다양한 파트너와 글로벌 사업자들에게는 한 가지 공통점이 있습니다. 그동안 서비스로 만나던 네이버가 어떤 시스템과 문화로 움직이는지 그 배경을 궁금해하시는 것이죠. 그래서 마치 전자 제품의 작동 원리를 알아보고자 뒷면을 이리저리 살피고 분해해보는 아이들처럼 호기심 가득한 질문을 던지는 분들도 많습니다. 사실 그런 관심을 받을 때면 감사한 마음과 함께 작지 않은 책임감이 느껴지기도 하죠.

누군가는 왜 사옥이 완공된 시점이 아닌 지금에서야 책을 발간하는지가 궁금할 수도 있을 겁니다. 거기엔 두 가지 이유가 있습니다. 하나는 1784가 하드웨어와 소프트웨어가 결합해서 완성된 건물이기 때문입니다. 건물이라는 하드웨어를 만들었다고 해도 실제로 우리가 기획하고 개발한 대로 움직이는지, 사용성에 따라 더 업그레이드할 부분은 없는지 확인하는 시간이 필요했습니다.

다른 하나는 이 모든 과정이 오픈소스처럼 공유되면 좋겠다는 마음에서입니다. 우리와 비슷한 산업에서 비슷한 고민을 하는 다양한 사람들, 매일 새로운 도전을 준비하고 있는 스타트업, 좋은 문화와 가치관을 만들어가는 많은 회사와 조직들에 작은 도움이라도 될 수 있도록 우리의 기록들을 차근차근 꺼내 풀어볼 시간이 필요했습니다.

그러니 이 책에 담긴 여러 이야기와 갖가지 장면들이 자기가 속한 영역에 따라 저마다 다르게 와닿길 바라봅니다. 누군가에게 우리가 일하는 방식이 작은 힌트가 되고, 우리의 노력이 좋은 자극이 될 수 있다면 이 책을 쓴 이유는 더 명확해질 테니 말입니다.

— **최수연** 네이버 CEO

모든 기업이 그렇듯이 네이버 역시 매 순간 수많은 변화를 겪는 회사입니다. 그리고 늘 그 변화의 시작을 빠르게 감지하고 민첩하게 대응하기 위해 많은 노력을 기울이고 있죠. 돌이켜 보면 네이버가 맞이한 굵직한 도전의 순간에는 건축과 공간이 자리하고 있었습니다. 더불어 우리는 항상 그 공간들을 활용해 새로운 꿈을 꾸고 더 과감한 시도를 했습니다. '정말 이런 것들이 가능할까?', '이 안에서 또 어떤 이야기들이 탄생 할까?' 등 현재와 미래를 오가며 치열하게 고민하는 과정에는 남다른 두근거림이 있었죠. 그리고 이런 장면들 하나하나가 모여 새로운 기준이 되고 나아가 건축과 공간의 패러다임을 바꾸는 단초가 되었다고 생각합니다.

1784가 오픈한 지 2년이라는 시간이 지났습니다. 국내에서 더 나아가 많은 글로벌 파트너들이 이 공간에 관심을 갖고 또 찾아주고 계셔서 무척 감사한 마음입니다. '왜 이렇게까지 관심을 가져주실까' 생각해보면 그건 아마도 1784가 여러 가능성을 이야기할 수 있는 하나의 전초기지 역할을 하고 있기 때문이 아닐까 싶습니다. 네이버가 1784를 중심으로 새로운 비즈니스 기회들을 만들어가고 있는 것처럼 1784를 방문하시는 분들 역시 각자에게 필요한 기회의 영감을 발견하고 계신 것인지도 모르겠습니다.

책 속에는 다양한 기술 이야기가 담겨 있지만 사실 이 공간은 사람 자체가 주인공인 공간입니다. 그러니 이 책을 통해 1784라는 결과물에 집중하시기 보다는 매일 조금씩 새로운 도전을 만들어간 그 과정을 만날 수 있기를 바라봅니다.

— 채선주 네이버 대외ESG 정책 대표/1784 프로젝트 총괄

저의 책상에는 이름표 대신 안전모 하나가 걸려 있습니다. 1784가 한창 공사 중일 때 사용하던 것입니다. 네이버에 입사할 때만 해도 IT회사에서 이렇게 자주 안전모를 쓰게 될 줄은 몰랐습니다. 그만큼 1784는 과거의 저를 비롯한 모두의 상식이나 관성에서 벗어난 공간입니다.

프로젝트 초기엔 참고할 레퍼런스가 없었다는 것이 문제였습니다. 이럴 때 누군가는 길이 없다고 움츠러들고, 또 누군가는 오히려 더욱 과감해집니다. 이때 오직 상상력과 기술로 과감하게 새로운 미래 공간을 설계하고 탄생시킨 조직이 바로 '1784 Smart TF'입니다.

이 TF에서는 아주 다양한 분야와 조직의 전문가들이 모였습니다. 전문성은 때로 벽이 되지만, 우리는 1784를 용광로 삼아 기꺼이 서로의 전문성을 녹이고 소통하며 협력했습니다. 1784를 '테크 컨버전스 빌딩'으로 소개하는 것은 눈에 보이는 최종 결과물만이 아니라 융합의 과정에서 큰 가치와 기회를 발견했었기 때문입니다. 아무쪼록 이 책을 통해 전문성의 교차와 새로운 연결의 경험이 생생히 전달되길 바랍니다.

더불어 한여름의 열기, 공사장의 먼지, 코로나 바이러스 사이를 종횡무진하며 세상에 없던 새로운 미래 공간을 함께 창조한 1784 Smart TF 멤버 모두에게 다시 한번 뜨거운 감사의 말씀을 전합니다.

— 석상옥 네이버랩스 대표/1784 Smart TF 총괄

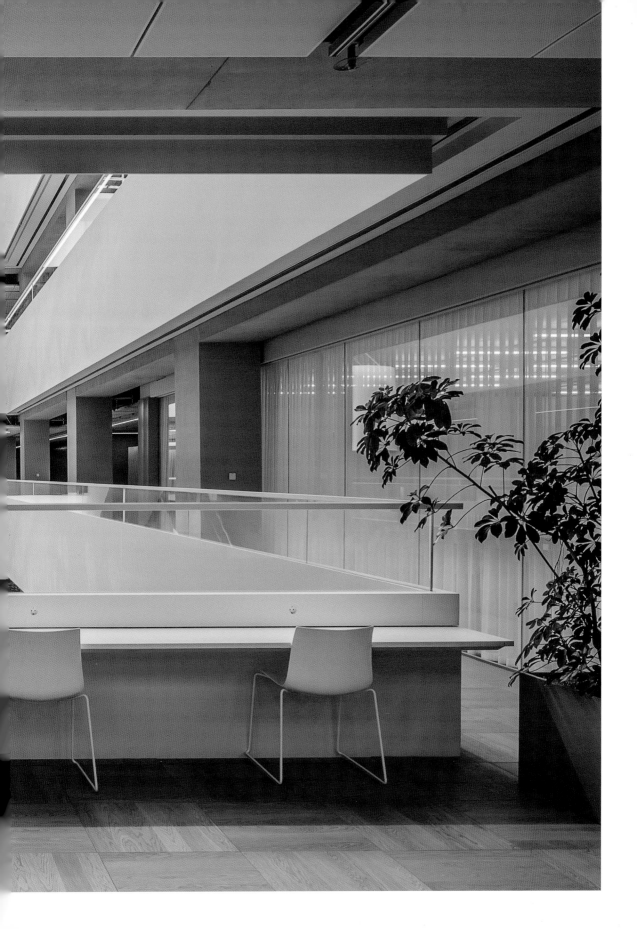

1784

아트리움

건물 중앙에 자리한 넓은 개방형 공간

라운지5

식당이자 자율 업무 공간으로 사용할 수 있는
하이브리드 공간

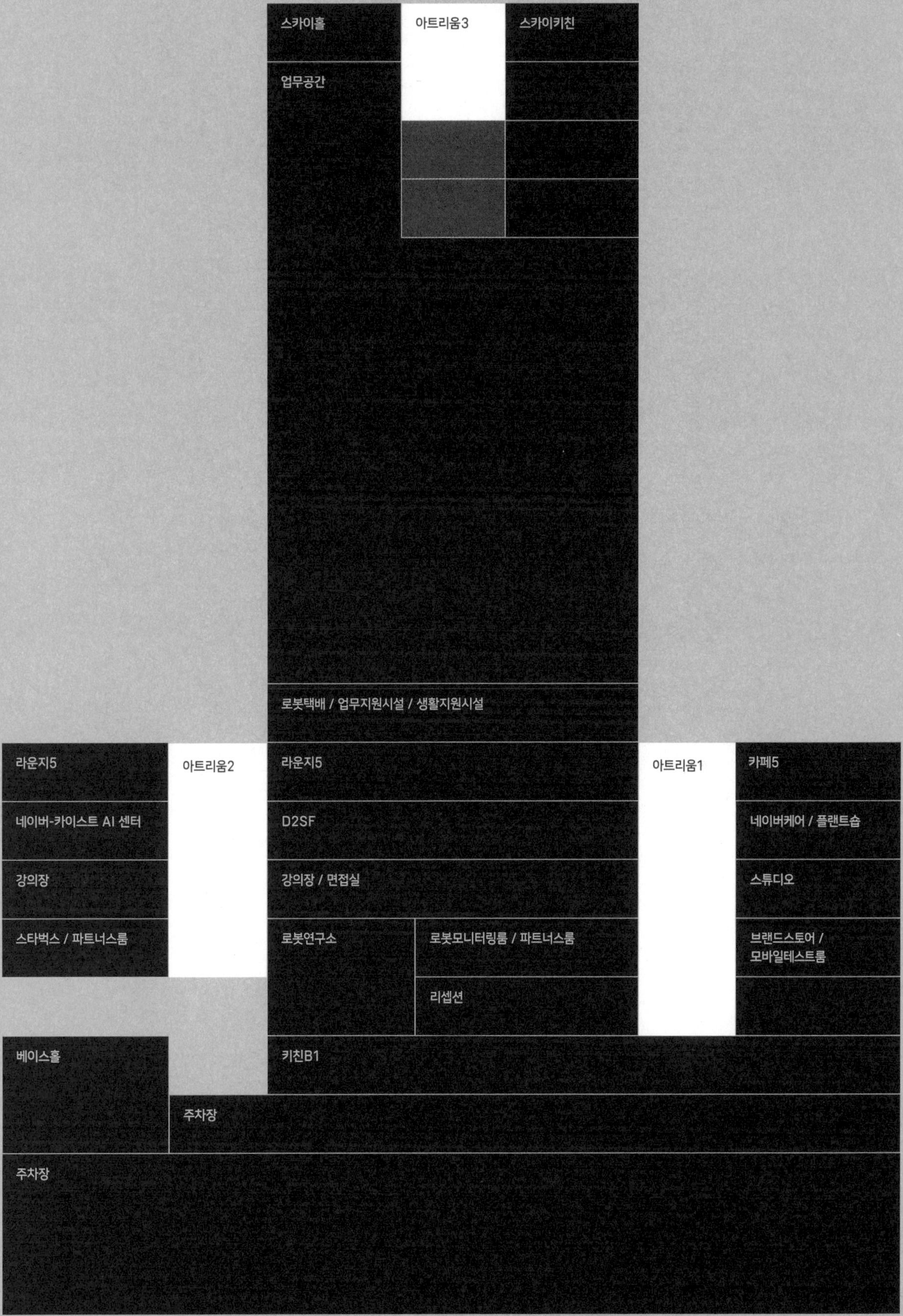

스카이홀

아트리움3

스카이키친

업무공간

로봇택배 / 업무지원시설 / 생활지원시설

라운지5

아트리움2

라운지5

아트리움1

카페5

네이버-카이스트 AI 센터

D2SF

네이버케어 / 플랜트숍

강의장

강의장 / 면접실

스튜디오

스타벅스 / 파트너스룸

로봇연구소

로봇모니터링룸 / 파트너스룸

브랜드스토어 /
모바일테스트룸

리셉션

베이스홀

키친B1

주차장

주차장

결국 본질

1

가장 중요한 건 공간을 직접 쓰게 될
'사용자'를 중심으로 오피스의
본질적인 역할에 집중하는 것이었다.
누구를 위해, 어떤 공간이 되어야
하는가에 대해 끊임없이 질문을 던지자
건물의 정체성도 명확해지기 시작했다.

서비스를 만드는 마음으로

"1784 공간을 기획할 때는 네이버 서비스를 만든다는 생각으로
접근했습니다.

서비스 기획자가 사용자를 들여다보고 여기서 찾은 중요한 인사이트를 기획에 반영하듯이
우리도 공간의 사용자인 구성원을 관찰하고 인터뷰하는 일을 가장 중요하게 생각했거든요.

조직과 연차, 직군 등의 요소를 촘촘하게 나누어 최대한 다양한 사
람의 목소리를 들으려 했고, 각각의 요구를 어떻게 풀어낼지 고민
했어요. 이 과정을 수없이 반복하며 사용자의 필요를 공간에 녹여
냈죠. 우리 안에서도 '어떤 사옥이 되어야 하는가'에 대해서는 의견
이 분분했지만 결국 다양한 요구에 맞춰 각자가 더 적극적으로 일
할 수 있도록 지원하는 워크 플랫폼 Work platform이 되어야 한
다는 것에 모두 동의했습니다."

2016년 구성원 인터뷰 중

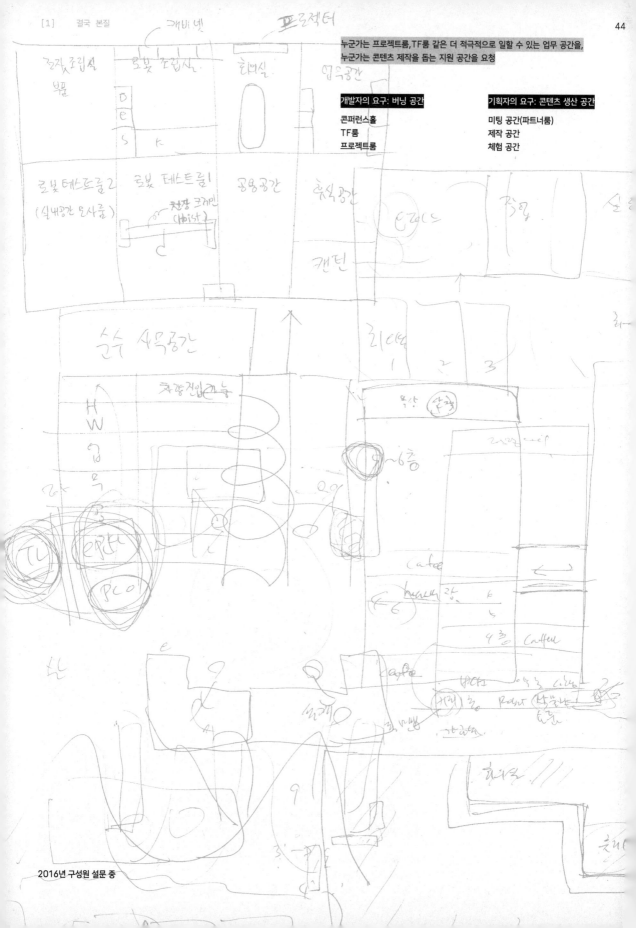

개발자의 요구: 버닝 공간

콘퍼런스홀
TF룸
프로젝트룸

기획자의 요구: 콘텐츠 생산 공간

미팅 공간(파트너룸)
제작 공간
체험 공간

2016년 구성원 설문 중

48%

다른 개발자와 IT업계의
동향 및 정보 교류

오피스 안팎에서 어떤 경험을 하고 싶나요?

오피스 안팎에서 IT업계의 동향과 정보 교류 등에
대한 니즈가 강해 1784 내에서 세미나, 스터디 등
활발한 교류를 기대

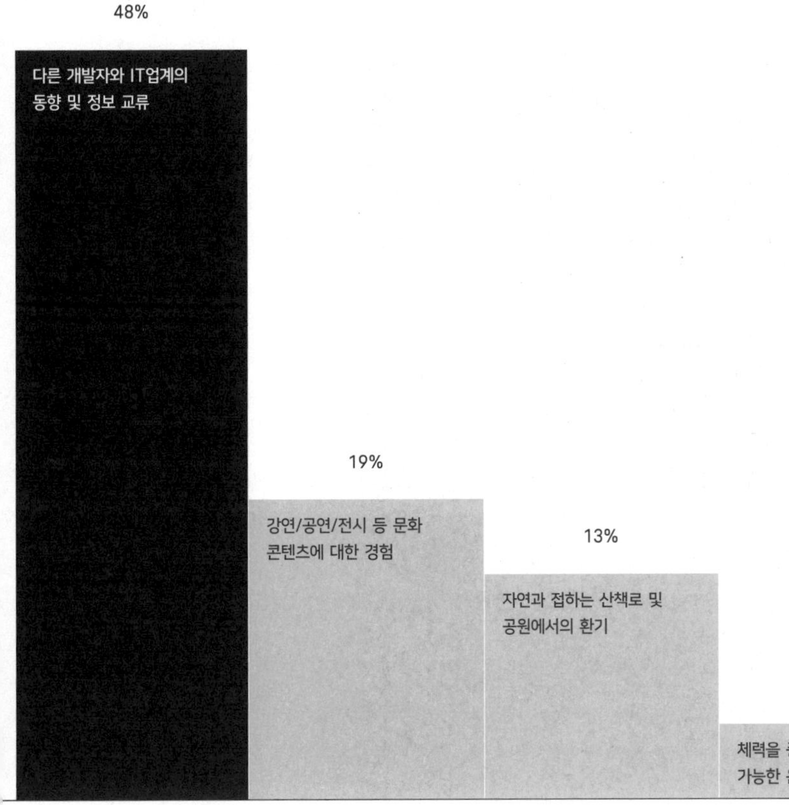

19%

강연/공연/전시 등 문화
콘텐츠에 대한 경험

13%

자연과 접하는 산책로 및
공원에서의 환기

14%

기타

5%

체력을 증진하고 건강 관리가
가능한 운동 공간

31%

환기가 빠르고 덥지 않은
쾌적한 공기

업무에 몰입하기 위한 공간의 조건은 무엇인가요?

업무 친화적 공간의 최우선 요소로 '쾌적한 공기'와
'전기배선 등 인프라'를 중요하게 생각

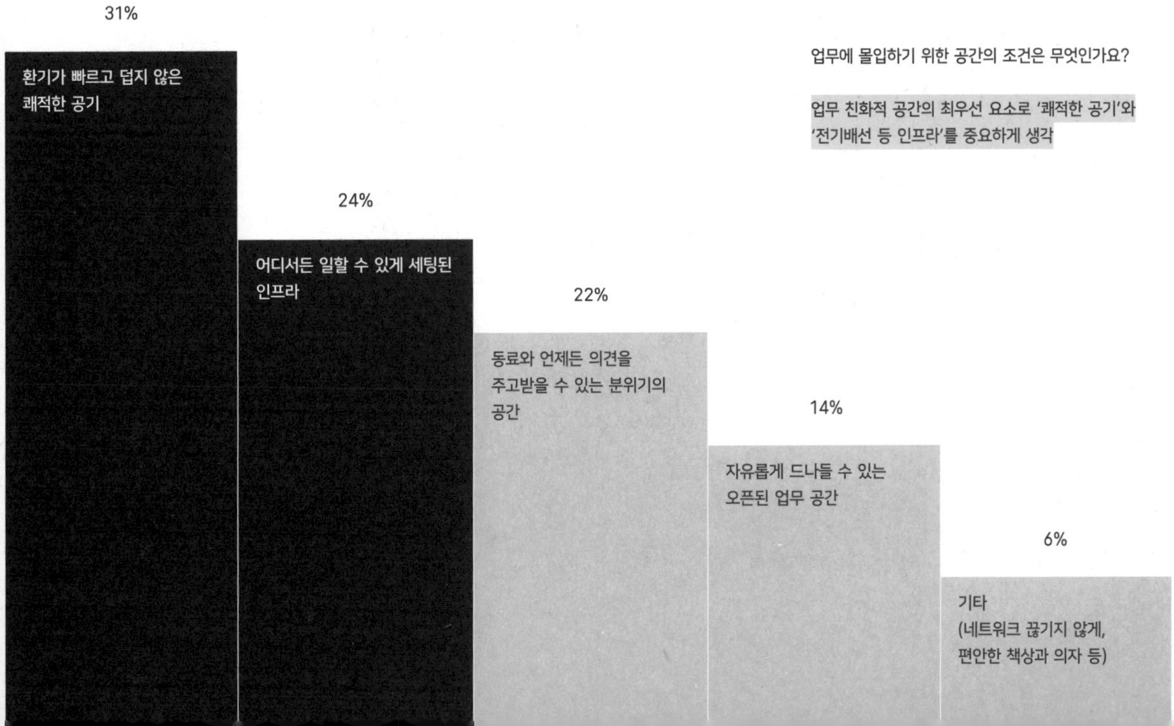

24%

어디서든 일할 수 있게 세팅된
인프라

22%

동료와 언제든 의견을
주고받을 수 있는 분위기의
공간

14%

자유롭게 드나들 수 있는
오픈된 업무 공간

6%

기타
(네트워크 끊기지 않게,
편안한 책상과 의자 등)

결국 구성원들을 위한 공간이니까

"기존 사옥 전 층을 돌아다니며 각각의 공간에서 일어나고 있는 현상을 기록한 적 있어요. 그러자 일부 직원들이 기존의 바닥공조 시스템에서 불편함을 느끼는 점들이 감지되었어요. 바닥에서 나오는 바람이 불편해 박스로 막아두기도 했고, 치마를 입고 출근한 날에는 바람이 더욱 신경 쓰인다고 했죠. 처음엔 바람의 출구 위치를 조절하는 방식으로 개선점을 찾았지만 결국 기존의 냉방 장치를 업그레이드할 수 있는 시스템을 도입하자는 결론에 이르렀습니다."

구성원들이 가장 많은 시간을 보내는 오피스 공간을 만들 때는 가장 본질적인 것부터 다시 들여다보았다. 가구나 회의실 같은 인프라도 물론 중요했지만 '공기', '빛', '온도', '안전'처럼 겉으로 드러나지 않아도 업무 환경에 큰 영향을 미치는 요소들에 집중했다. 그래서 오피스 공간과 관련해 다양한 아이디어를 내다가도 앞서 언급한 요소들에 위배되면 다시 원점으로 돌아가 고민하기 시작했다.

일정한 온도나 빛은 그린팩토리를 만들고 운영하는 동안에도 가장 우선시했던 것들이다. 당시에도 업무 공간 전체에 간접조명을 적용하고 바닥에서 찬 바람이 나오는 공조 시스템을 마련하는 등 일반 임대 오피스보다 최적화된 인프라를 갖추려 노력했다. 하지만 여전히 완벽하게 해소되지 않은 지점들이 남아 있었다. 1784는 그보다 한발 더 나아가 여러 측면에서 개선을 이어갔다. 그리고 눈에 띄는 요소보다 눈에 보이지 않지만 가장 본질적인 것들을 더 세심하게 살피며 고민해나갔다.

채광을 조절하는 수직루버

법정기준
1784 안전기준

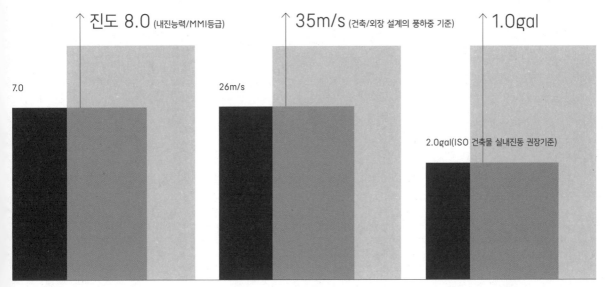

진도 8.0 (내진능력/MMI등급)   35m/s (건축/외장 설계의 풍하중 기준)   1.0gal

7.0   26m/s

2.0gal(ISO 건축물 실내진동 권장기준)

지진   태풍   진동

A∨010

A∨009

균일한 실내 온도를 유지하는 바닥공조와 복사냉방 시스템

숨 쉬는 건물

1784는 건물 모든 층에 외조기실이 설치되어 있다. 바깥 공기를 각 층별로 독립적으로 받아들일 수 있도록 한 것인데 마치 층마다 각각의 허파를 가지고 있는 셈이다. 그린팩토리 때만 해도 3층과 옥탑층을 통해 유입된 바깥 공기가 전 층을 순환하는 방식이었지만 1784는 이런 시설을 모든 층에 적용한 것이다. 덕분에 감염 요소가 공기를 통해 다른 층으로 전파될 가능성을 현저하게 줄일 수 있다.

또한 사무 공간에 위치한 회의실에도 새로운 환기 시스템을 적용했다. 보통 밀폐된 회의실 안에 오래 머물며 대화를 하다 보면 이산화탄소 수치가 높아지는데 이는 어지럼증을 유발하고 집중력을 저하시키는 결과로 이어진다. 이런 환경에서 회의가 계속 이어진다면 다음 순서에 이용하는 사람들은 더욱 악화된 공기질과 마주하게 된다. 때문에 우리는 회의실을 포함한 여러 장소에 이산화탄소 감지기를 설치해 공기질을 측정하고 필요시 자동으로 환기가 이뤄지는 지능형 환기 시스템을 마련했다. 한창 회의가 이뤄지는 중에도 실내 이산화탄소 농도가 증가하면 공조 시스템을 통해 나쁜 공기를 밖으로 빼내고 신선한 공기를 새로 유입하는 과정이 자동으로 이뤄지는 것이다.

지능형 환기 시스템

이산화탄소 센서를 통해 실시간으로 실내 공기질을 모니터링하여 설정된 임계값을 초과하는지 확인한다. 수치를 초과하면 환기 신호를 시스템에 전달하고, 활성화된 시스템은 실내 공기를 외부로 배출하고 신선한 공기를 실내로 유입한다.

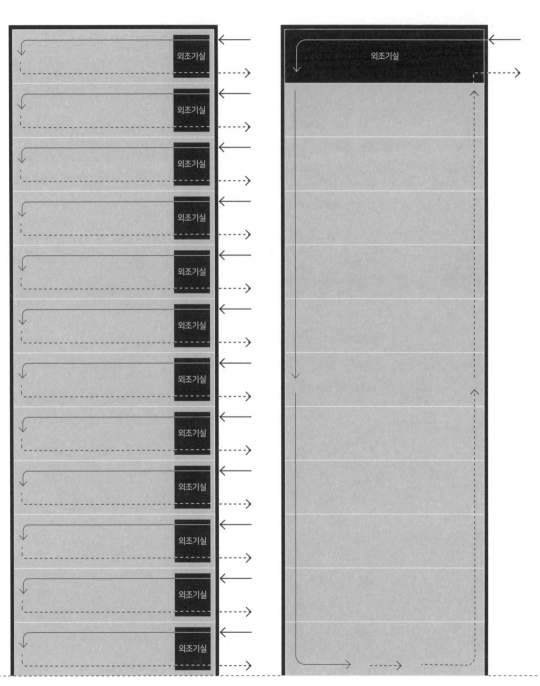

1784

일반적인 오피스

사용한 실내 공기는 배기 구멍을 통해 외조기실을 거쳐 외부로 빠져나감

북측 입면의 각 층별 환기 그릴을 통해 신선한 외부 공기는 실내로 유입하고 오염된 공기는 내보내는 외조기실

네이버의
정체성을 보여줄 외관

건물의 외관 형태를 결정하는 작업은 심미적인 요소 외에도 고려할 사항이 많은 복잡한 사안이었다. 바로 옆에 위치한 네이버의 제1사옥 그린팩토리와의 관계성을 어떻게 유지할지, 그러면서 1784만의 정체성을 어떻게 잘 브랜딩할 수 있을지, 인근 주민들의 불편을 최소화할 방법은 무엇인지, 친환경적 차원에서 에너지 효율은 어떻게 더 확보해야 할지 등 수많은 문제의 연속이었다.

우리는 하나의 답을 정해놓는 대신 여러 가능성을 열어놓고 고민했다. 여러 전문가 집단(삼우종합건축사사무소, 한미글로벌)과 함께 150여 개의 시안, 4번의 워크숍, 2번의 설문을 거쳐 결국 네이버의 정체성을 가장 잘 보여줄 수 있는 선택을 했다. 그린팩토리와 닮은 듯 다르고 나란히 마주하여 조화로운 관계를 보여주는 외관이다.

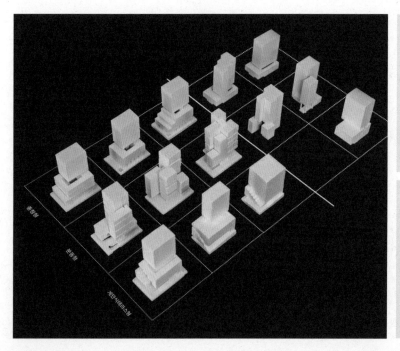

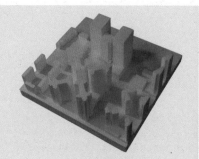

2016.4. 외관 디자인 워크숍

Total Volume
오피스 27,000 / 근생 4,500

Phase 1

Phase 2

Total Volume
오피스 27,000 / 근생 4,500

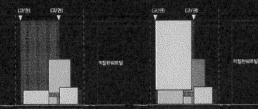

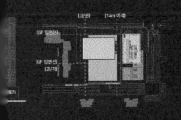

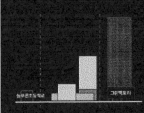

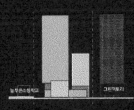

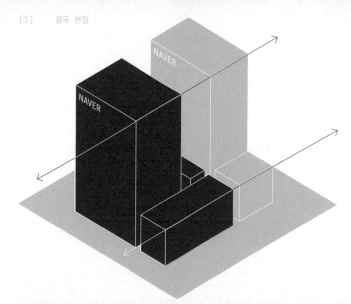

1784는 그린팩토리에서 뻗어나온 선을 따라 볼륨을 만들고, 두 건물 모두 타워 외장재로 수직루버(차양)를 사용해 통일감을 주었다.

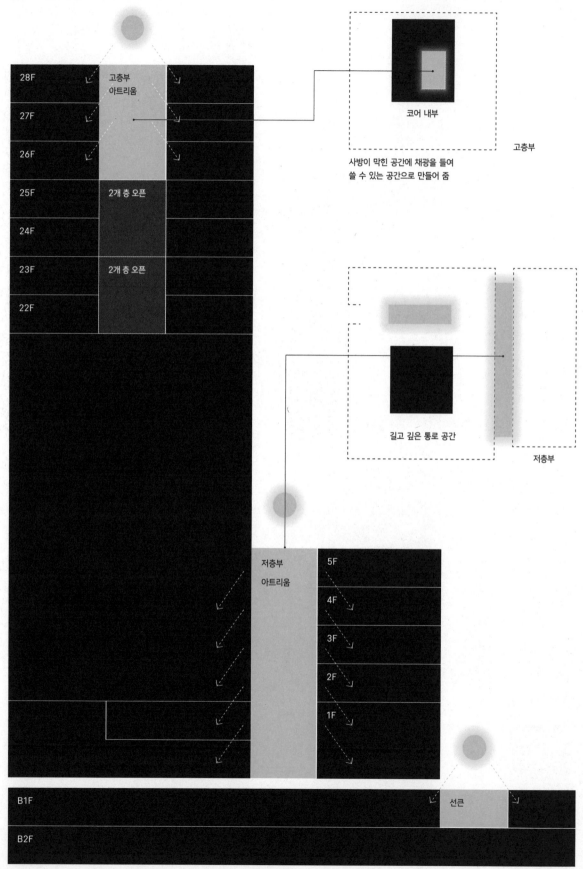

코어 내부

고층부

사방이 막힌 공간에 채광을 들여
쓸 수 있는 공간으로 만들어 줌

길고 깊은 통로 공간

저층부

28F

27F

26F

고층부
아트리움

25F

24F

2개 층 오픈

23F

22F

2개 층 오픈

저층부
아트리움

5F

4F

3F

2F

1F

B1F

선큰

B2F

고층부 아트리움

저층부 아트리움

1784는 그린팩토리의 약 1.6배 규모다.
공간이 클수록 햇빛이 들지 않는 막힌 공간이
많아지는데 저층부의 건물과 건물 덩어리 사이와,
고층부의 중앙에 유리천장으로 된 아트리움을 넣고,
지하에 외부공간(선큰)을 두어 실내 깊숙이까지
햇빛을 들여 쾌적한 공간으로 만들었다.

초록,
그 다음의 색

2000년 8월. 네이버는 세계 최초로 통합검색 서비스를 시작했다. 검색 서비스를 대변하는 초록창 이미지는 초기 네이버의 사업 방향을 상징했고, '초록'은 네이버의 시작을 알리는 중요한 유산이었다.

네이버의 첫 번째 사옥인 그린팩토리는 초록창 이미지를 건물 외관에 투사하고 있다. 이후 회사는 빠르게 성장했고 두 번째 사옥을 짓기로 결정했을 때 그린팩토리는 우리가 스스로 뛰어넘어야 할 과제가 되어 있었다. 검색이 네이버의 시작이자 뿌리인 것은 자명하지만 상황이 많이 바뀌었다. 커머스, 콘텐츠, 핀테크, 클라우드, 로보틱스 등 다양한 기술과 서비스가 인큐베이팅 수준을 넘어 점점 고도화되었고 각 조직의 규모도 커져 독립법인으로 분사하고 있었다. 때문에 '넥스트 네이버'의 변화와 정체성을 담아낼 특정한 컬러를 고르기란 쉽지 않았다.

설계 초기에는 외관의 소재 자체에 변화를 주는 것도 생각해보았다. 금속이 아닌 목재를 사용하려 한 것도 수많은 테스트 중 하나다. 하지만 목재는 온도에 따라 변형이 잘되는 소재라 여러모로 현실적인 한계에 부딪혔다. 글로벌 무대로 나아가는 다양한 서비스에 자양분이 된다는 의미로 '빛과 토양'을 상징하는 브라운 컬러의 조합과 목재패턴을 금속 표면에 구현해보는 테스트도 여러 번 진행했다.

무엇보다 당시 1784 프로젝트의 방향성이 '테스트베드'를 기조로 커다란 변곡점을 맞이한 상태였다. 네이버의 다채로운 기술을 실험하는 곳이라는 방향성 아래 우리는 이런 결론을 내렸다. 무엇이 가장 자연스러운 흐름일까? 특정한 색을 입히려는 생각을 아예 지우는 건 어떨까?

정해진 색이 아니라 주어지는 환경에 따라 다채로워지는 색, 여러 색이 투영되어 그 자체로 수많은 색을 담아내는 색을 찾으려 했다.

이 건물 내에서 네이버만이 주인공이 아니고 제2, 제3의 주인공이 나오기를 바라는 마음을 담아 금속 본연의 색을 지키는 동시에 매일 조금씩 변화하는 외관을 완성했다.

그린팩토리와 1784의 외관은 루버라는 얇은 패널이 감싸고 있다. 이 패널의 재료로 쓰인 알루미늄을 아노다이징 Anodizing (알루미늄 표면을 미리 산화시키는 가공법) 처리하면 금속 본연의 물성과 색이 돋보일 뿐 아니라 부식이나 마모에 강하다. 빛을 자연스럽게 산란해 반사도를 낮추고 그 자체로 충분히 괜찮은 색을 만들기 위해 수차례 테스트를 진행했다. 그렇게 만들어진 색을 우리는 '앰비언트 그레이 AMBIENT GREY'라 부른다.

루버는 날씨와 사용자 니즈에 따라 각도를 다양하게 조절할 수 있게 설계했다.
루버의 회전각에 따라 공간에 흡수되는 빛의 양이 달라 매번 다른 형태의 그림자를 만들어낸다.
덕분에 건물 외관은 매일 새로운 입체 패턴을 만들어낸다.

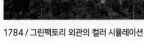

1784 / 그린팩토리 외관의 컬러 시뮬레이션

1784 / 그린팩토리
하나의 네이버 타운으로 느껴질 수 있도록 컬러 조합 테스트

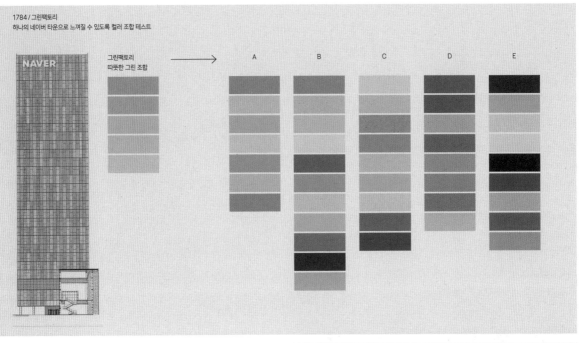

그린팩토리
따뜻한 그린 조합

A B C D E

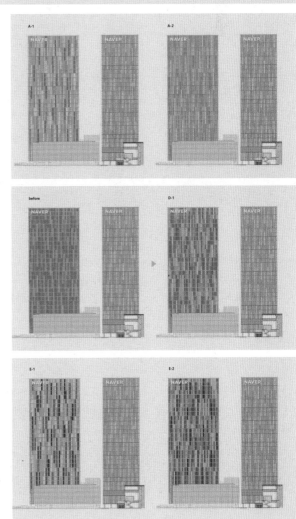

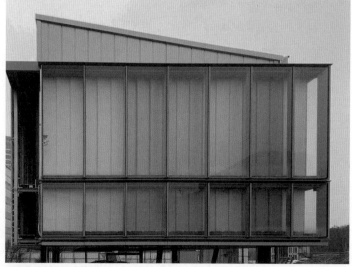

외장 목업 테스트(19.4 ~ 20.4)

우리를
가장 잘 보여주는 이름

첫 번째 사옥의 이름은 그린팩토리다. 여기서 '팩토리'는 시대의 변화를 상징한다. 제조업에서 IT로 산업의 중심이 급격히 바뀌던 시절, 이곳이 지식과 정보를 만드는 공장이 될 것이라는 취지로 지은 이름이었다. 그렇다면 제2사옥은? 그때와는 또 많은 것이 달라졌다. 특정한 서비스가 아니라 다양한 플랫폼이 펼쳐질 장소로 역할이 확대된 것이다.

　　　　　　　'이 이름 어떨까?', '이런 단어는 별로인가?' 하는 수준을 넘어 네이밍 후보 하나하나에 그에 맞는 의미와 서사를 담아가며 대안을 찾았다. 하지만 '그래! 이거다'라고 이야기할 수 있는 후보는 찾지 못했다. 우리가 규정한 건물 콘셉트를 100% 담아내지 못하거나 반대로 너무 추상적인 개념을 전달할 수도 있다는 우려가 반복되었다. 결국 건물이 완공될 시점까지 건물 이름을 결정하는 것을 미뤘다. 고민이 이어지던 차에 수면 위로 떠오른 이름이 하나 있었는데 그것이 1784였다. 처음 들을 때 무조건 낯설 수 밖에 없는 이 숫자는 정자동 178-4번지, 제2사옥의 지번이자 이 건축 프로젝트의 이름이었다. 당시 5년 넘게 프로젝트가 이어지다보니 우리에겐 너무나도 익숙해져버린 이름이었다. 지금 돌아보면 다소 우스운 일이지만, 이름 정하는 일이 좀처럼 진전이 없다보니 한동안 모든 미팅의 마지막 안건은 늘 '그래서 1784 이름을 뭘로 정해야 할까요?'였다. 누구도 프로젝트 이름이 그대로 사옥의 이름으로 될 것이라 생각하지 못했다.

1784라는 숫자를 둘러싼 새로운 사실도 추가되었다. 네이버 검색창에 1784를 검색해봤는데 증기기관이 발명된 해이자 산업혁명의 시초가 된 지점이 바로 1784년이라는[1] 사실을 발견한 것이다.

　　　　　　　비록 지번을 의미하는 단순한 워딩에서 시작된 이름이었지만, 이 공간에서 새로운 산업혁명이 일어나기를 바라는 마음이 담기자 익숙하던 이름도 새롭게 보이기 시작했다. 이는 우리가 위치한 곳(지번으로서의 1784) 위에 우리가 추구하는 방향(또 하나의 기술 혁명으로써의1784)을 그리는 작업이기도 했다.

'네이버의 다양한 기술을 실험하며 새로운 변화가 일어나길 바라는 테스트베드 공간'

1784가 정식으로 이름을 갖게 되는 순간이었다.

[1]

자료출처: KDI 한국개발연구원 경제정보센터

경계 없이

2

우리는 머릿속에 있던 전형적인 오피스의
모습을 걷어내는 것부터 시작했다.
급변하는 환경에 빠르고 민첩하게
대응하기 위해선 사옥 또한 하나의
거대한 실험실이 되어야 했기 때문이다.

전형적인 오피스의 모습 대신

'새 오피스'라는 키워드가 던져지면 무엇을 먼저 떠올리게 될까? 누군가는 창의성을 극대화할 수 있도록 신선한 공간을, 또 누군가는 가장 최신의 서비스나 인프라를 사용할 수 있는 사무실을, 아니면 많은 사람이 근무할 수 있는 아주 넓은 사무실을 떠올릴 수도 있다.

제 2사옥을 만드는 프로젝트는, 더 많은 사람을 수용할 건물을 만드는 일이기도 했지만, 그보다는 네이버가 가진 역량을 한데 모아 더 큰 시너지가 나도록 하는, 일종의 장(場)을 만드는 일이었다.

멋진 목표를 세웠지만 막상 시작하려니 막막했다. 사옥을 짓는 데 회사의 역량을 어떻게 모을까? 우리는 일단 효율적이라고 생각했던 기존의 방식은 과감히 옆으로 밀쳐두기로 했다.

'되도록 모든 것을 열어두고 많은 가능성을 타진해보자'는 다소 추상적이고 애매한 목표가 우리의 새로운 시작이었다.

1784 프로젝트를 하고 있는 우리조차 앞으로 1784가 어떤 모습을 갖춘 건물이 될지 쉽게 상상하기 어려웠던 이유가 바로 여기에 있었다.

2019년 하반기 무렵 '상상력 펼치기'라는 워크샵을 진행했다. 건축 설계와 공간 기획팀은 물론, 네이버랩스와 네이버클라우드, 네이버웍스, 클로바 등의 기술 조직 그리고 시스템과 운영을 담당하는 유관 부서들이 힘을 모아 우리가 해볼 수 있는 것들을 모두 펼쳐놓기로 한 것이다.

이전까지는 주로 당시의 개발 수준에서 실제 적용 가능한 아이디어들이 논의되었다면 '상상력 펼치기' 안에서는 말 그대로 우리가 고민해볼 수 있는 가능성의 끝까지 한번 가보자라는 마음으로 무한 상상력을 발휘해보았다. 수백 장의 슬라이드로 채워진 문서에는 SF 영화 속 장면을 차용한 이미지도 있었다. 〈마이너리티 리포트〉, 〈아이언맨〉, 〈아바타〉에 등장하는 투명 디스플레이나 홀로그램을 활용하는 기술부터 인터랙션을 이용해 문을 여는 반응형 센서, 회의실의 모든 면을 보드처럼 사용할 수 있도록 하는 아이디어와 로봇을 이용해 무인 자동 주차를 지원하는 안도 포함됐다. 다가올 미래의 오피스는 어떤 모습일까라는 질문을 토대로 모든 가능성을 점검해본 것이다. 그렇게 수많은 아이디어를 점검해본 끝에 다시금 우리 스스로에게 던진 질문은 단 하나였다.

'그래서 저게 직원들에게 꼭 필요한가?'

펼쳐진 상상력의 홍수 속에서 진짜 의미 있는 것을 찾아내는 가지치기 작업이었다. 고난도의 기술에 도전하여 멋져 보이는 아이디어를 구현하는 것도 중요하지만 유용한 시나리오를 찾아 쉽고 효율적인 방법을 제시하고 네이버가 가진 기술과 서비스와의 접점을 찾는데 에너지를 쏟았다 펼쳐놓은 상상력을 객관적으로 바라보려는 과정에서 오히려 더 많은 본질적인 인사이트를 얻을 수 있었다.

필요하다면
사옥도 테스트베드로

두 번째 사옥을 준비할 시기에는 회사 안팎으로 많은 변화가 일어났다. 검색 서비스로 시작한 네이버가 2020년에 이르러 검색이 아닌 다른 영역에서의 매출이 전체 매출의 절반을 넘어서는 등 사업 다각화가 본격적으로 이뤄졌다.

또한 네이버랩스에서 연구 중이던 기술이 점점 진화해 여러 형태의 로봇을 선보이고 있었고 네이버 클라우드를 필두로 한 웍스, 클로바 등 여러 기술과 서비스가 오피스 인프라를 바꿔놓을 새로운 시도를 하고 있었다. 거기에 초개인화 콘텐츠가 등장하고 AI 기술까지 가속화되며 미래를 쉽게 예측하기 힘든 다이내믹한 환경이 펼쳐졌다.
우리가 사옥을 테스트베드화하겠다는 개념을 떠올린 것도 이런 흐름에 따른 자연스러운 결정이었다. 미래의 기술은 더 이상 PC나 모바일처럼 특정 환경에만 머무르지 않는 만큼 이를 테스트하는 환경도 일반적인 사무 공간으로 한정 지을 수 없었기 때문이었다.

그러기 위해서는 오피스라는 공간의 기능을 넘어 실험의 장이라는 새로운 기준을 만들어야 했다.

네이버의 다양한 기술과 서비스, 콘텐츠가 한데 모여 공간을 중심으로 여러 가지 도전을 할 수 있는 공간, 미래에 적용할 수 있는 새로운 기술과 기능을 먼저 테스트해볼 수 있는 공간을 만들고자 한 것이다.

1784를 방문한 사람들이 보이는 반응 중 하나가 '머릿속으로만 생각하던 네이버의 이미지와는 다른 곳'이라는 말이다. 대부분 실생활에서 접하는 네이버 앱이나 각종 콘텐츠, 서비스만 생각하다가 일종의 시험무대와도 같은 테스트베드와 마주하면 조금은 낯선 반응을 보이는 것도 사실이다.
하지만 1784에 대한 소개를 시작하면 이내 고개를 끄덕인다. 사용자들이 만나는 많은 서비스를 가능하게 하는 기술의 집합소이자 몇 걸음 앞서 내일을 준비하는 실험이 펼쳐지는 곳이라는 설명이 이어지면 1784라는 공간이 어떤 기능을 하는 장소인지 체감하는 것이다.

테스트베드 TESTBED

새로운 기술·제품·서비스의 성능 및 효과를 시험할 수 있는 환경 혹은 시스템.
'시험무대', '시험장', '시험공간', '시험시스템'이라는 뜻을 가진 용어.

네이버랩스 로봇 테스트 공간(하드웨어 조립 / 가공 / 실험실)

네이버랩스
로보틱스

CLOVA AI

디지털트윈

택배, 음료,
도시락 배달

입출입, 결제

네이버
클라우드

내 차
위치 안내

온습도
제어

네이버웍스

조명 제어

파트너사 경험
(출입 등)

네이버주문

네이버인증서

TECH CONVERGENCE × ROBOT FRIENDLY BLDG.

네이버의 기술을 하나의 공간에서 유기적으로 통합해
미래 기술 경험의 최대치를 끌어내고자 1784를 물리적인
건물이 아니라 '새로운 서비스'로 바라보고자 함

1784

TESTBED

도전 #실험 #시도
#장(場) #무대 #멍석

	로봇 100여 대(딜리버리)	네이버주문	네이버예약	페이스사인		스마트제어 (온도 / 조명 / 환기 / 채광)	네이버 인증서 (출입)
				출입	결제		
28F	전층			전 층 보안구역			
7~27F 업무층	택배 / 도시락 / 음료 / 편의점 / 개인간 물품 배달					전체 회의실	
F	택배 / 편의점 로봇 배달				업무지원 / 편의점		
F	라운지5 도시락 로봇 배달	라운지5 / 카페5 / 베이커리					
F			사내 병원		플랜트숍 / 사내 병원		
F							
F	스타벅스 음료 로봇 배달	스타벅스			브랜드 스토어		파트너하이브
F		주스바 / 스낵바					
B1F					키친 B1		
B2F							

단단한 연결

3

새로운 실험이 끊김 없이 이어질 수
있도록 많은 건축적, 인프라적
플랫폼을 단단하게 구축하는 것이
무엇보다 중요했다.

로봇 100여 대가 생활하려면

딜리버리를 중심으로 한 다양한 로봇 서비스 시나리오를 검토하는 동안 건축 부서에서도 고민이 있었다. 이전에는 한 번도 상상해본 적 없는 '많은 수의 로봇과 사람이 공존하는 미래 공간의 조건'을 정의해야 했기 때문이다. 그러려면 로봇의 크기와 움직임을 파악하는 것부터 로봇이 공간을 어떻게 인식하는지, 로봇과 사람-공간의 관계를 어떻게 규정할지 등 검토할 사항이 많았다.

1784는 지상 28층, 연면적 5만 평에 이르는 큰 규모의 고층빌딩이다. 이곳에서 원활하게 서비스가 이루어지려면 로봇이 가지 못하는 곳이 없어야 했다. 때문에 사람에게 맞춰 계획된 수평과 수직의 이동 동선을 로봇 관점에서 새롭게 검토하는 작업을 진행했다. 문을 여는 것, 계단을 오르내리는 것, 장애물을 인식하고 주행경로를 재설정하는 것 등을 사람과 다른 로봇의 관점으로 공간을 설계해야 했다.

효율적인 서비스를 위해 공간이 로봇을 지원할 수 있는 일들을 구분했다. 로봇이 1대일 때, 10대, 100대일 때 공간에서 고려해야 할 사항은 계속 달라졌다. 로봇이 대량화, 대중화되었을 때 미래 공간은 어떻게 변할 것인지 상상하고 실험했다.

제일 처음 한 일은 실내 공간의 단차를 없애는 일이었다. 꼭 필요한 곳에는 최대 1/12 경사로를 두었다. 이는 로봇의 경사 구간 주행 테스트를 반영한 결과였다. 바퀴로 움직인다는 공통점 때문인지 휠체어를 사용할 때 Barrier-free의 경사로 법적 규정과 기준이 동일함을 발견했다.

1784 대부분의 공간은 사람과 로봇이 함께 이동하는 데 불편함이 없도록 설계되었지만 복도 폭을 확보하는 데는 더 심혈을 기울였다. 사람과 로봇의 양방향 통행이 원활하도록 주요 복도 폭은(건축법상 복도 폭 규정인 1.2~1.5m보다 넓은) 1.8m 이상을 확보했다. 또한 로봇이 이동하는 동선에서는 별도로 1.0m 이상의 폭을 확보함으로써 일종의 로봇 전용 통로를 만들어줬다. 이는 밀도 높게 공간을 활용하면서도 동시에 효율적으로 로봇을 이동시킬 수 있는 방식이었다.

로봇이 원활하게 이동하며 배달 업무를 수행하려면 모든 문과 벽을 구분하여 인지하는 것이 중요했다.

로봇이 이동하는 동선상에 있는 문들이 로봇을 위해서 자동으로 열릴 수 있도록 인프라를 설계했고, 이 모든 움직임을 자연스럽게 하나로 연결하는 것이 핵심이었다.

이를 위해 네이버의 클라우드 로봇 시스템인 아크ARC1를 활용했다. 개별 로봇이 시설물을 직접 제어하는 것이 아니라 아크가 조작하는 방식이다. 아크는 빌딩 내 출입 시스템과 연동되어 시설물에는 개폐 신호를, 로봇에게는 이동 명령을 내린다. 이런 일련의 동작을 위해서는 건축 차원에서도 로봇이 열어야 하는 문을 서비스 시나리오에 맞게 분류하고 각각에 맞는 연동 방법을 고안해야 했다.

스피드게이트나 미닫이 자동문Sliding auto door은 비교적 간단한 통신 연결로 연동할 수 있었지만 여러 기능이 추가되는 시설물일수록 난이도는 올라갔다. 회의실에는 여닫이문에 자동개폐 오퍼레이터와 장애물을 감지하는 안전센서를 덧붙인 자동여닫이문Auto swing door을 설치하고 아크와 연동했다. 물론 로봇 연동만 고려한다면 미닫이 형태의 자동문을 쓰는 게 더 간단했겠지만 회의실이라는 기능을 고려할 때 차음 성능이 더 우수한 여닫이문을 자동화했다.

뿐만 아니라, 로봇이 모든 엘리베이터에 탑승할 수 있게 하기 위해 이런 기준들을 일반 엘리베이터 뿐만 아니라 비상용 엘리베이터에도 적용하고자 했다. 화재 시 소방관이 진입하는 통로가 되는 만큼 방화인증이 필수기 때문에 일반적인 방화문과 달리 바닥에 단차를 만들지 않고도 연기가 새어나가지 않도록 하는 '오토도어실Auto door seal'을 적용해 인증을 받았다. 방화문에 자동개폐 장치를 적용하고 로봇의 출입을 연동한 사례는 1784가 국내 최초다. 이처럼 건물을 설계하는 과정에서 로봇이 이동할 수 있는 곳곳의 공간을 확인하고 작은 허들조차 생기지 않도록 하는 노력이 이어졌다.

1

클라우드를 기반으로 로봇의 눈과 두뇌 역할을 하는 시스템인 ARC는 1784의 게이트, 엘리베이터 등과 같은 모든 빌딩 인프라와 로봇, 사용자 간의 서비스를 연결하고 있다.

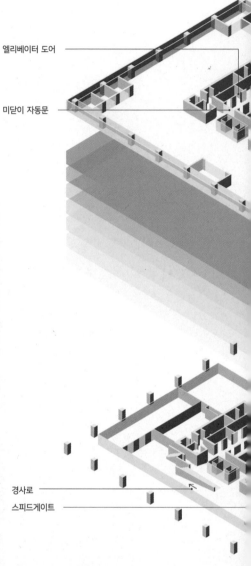

회의실 여닫이문

엘리베이터 도어

미닫이 자동문

경사로

스피드게이트

1/15 내외 경사로 적용

외부 출입을 위한 자동문 개폐연동

로봇 친화형 건축물 인증 최우수 등급 획득

1784는 로봇 친화형 빌딩 인증에서 세계 최초로
최우수등급을 받았다. 로봇 친화형 건축물이란 '건물
내외부에서 이용할 로봇의 기술 수준을 지원하는
인프라를 갖추고, 일정한 규칙에 따라 모든 로봇의
임무를 관장해 로봇이 인간과 안전하게 상호작용하며
이들의 활동을 지원하는 중앙 통제 시스템을 갖춘
건축물'이다. 건축 및 시설 설계, 네트워크 및 시스템,
운영관리, 혁신서비스 등 4개 분야 25개 항목으로
검증한다. 더군다나 로봇이 다니는 공간은 배리어프리
디자인과 일맥상통했다. 로봇 친화 빌딩을 위한
여러 조건은 장애인의 이동을 위해 특화되었고,
이는 다양한 사용 주체를 위한 배리어프리 공간의 의미도
되새길 수 있는 계기가 됐다. 로봇으로 확장된 유니버설
디자인이었다.

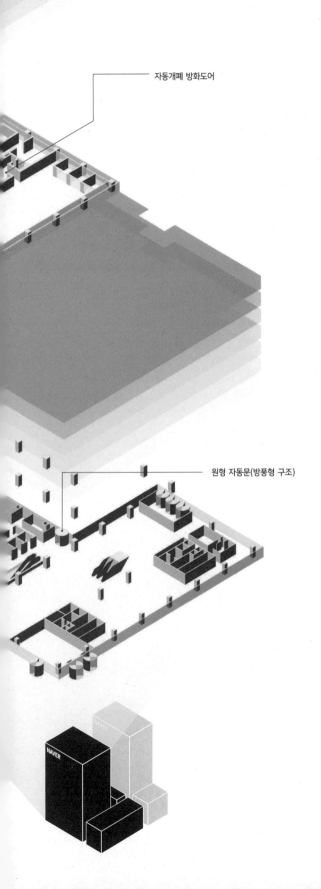

자동개폐 방화도어

원형 자동문(방풍형 구조)

NAVER

Barrier-free
로봇-사람 모두를 위한 공간 디자인

로봇 친화형 건물이라고 하면, 로봇을 위한 물리적 인프라가 많이 추가되었을 거라고 생각하지만 1784에 적용된 대부분의 기반 시설은 장애인의 이동이나 소방법 기준을 고려한 일반적인 건물 인프라와 크게 다르지 않다.

때문에 우리는 로봇을 위해 별도의 공간을 설계했다기보다 일반적인 공간 안에서 어떻게 하면 로봇이 자연스럽게 녹아들 수 있을까를 고민했다. 사람과 로봇을 딱 잘라 구분하지 않고 같은 공간 안에서 각자가 가장 편리하게 활동할 수 있는 디자인을 추구한 셈이다.

바닥의 문턱을 없앤 매립형 방화문 소방인증

여닫이 방화문(방화문에 로봇 연동을 적용한 국내 첫 사례)

끊김 없는 연결이
필수니까

네이버는 사람과 로봇, 공간과 정보를 연결하는 새로운 플랫폼을 오랫동안 준비해왔다. 로보틱스, 자율주행, 디지털 트윈, AI 등 다양한 기술 연구에 투자해왔으며, 1784는 이러한 많은 기술을 한 공간에서 테스트해볼 절호의 기회였다.

하지만 이런 기술을 보유하고 있다고 해서 이들 간의 시너지가 저절로 생겨나는 것은 아니다. 기술과 공간, 서비스를 자연스럽게 연결해줄 수 있는 인프라가 필요한데 1784에서 그 핵심은 ARC와 5G 통신이다.

ARC는 AI, Robot, Cloud를 의미하며, 로봇을 위한 AI 알고리즘을 클라우드에 담아 로봇들을 동시에 제어하는 시스템이다. 1784에 있는 100여 대 로봇들의 컨트롤타워인 셈이다. ARC는 로봇들의 두뇌가 되는 아크브레인 ARC brain, 로봇들의 눈이 되는 아크아이 ARC eye로 구분되는데, 이 두 시스템은 로봇들을 위해 엘리베이터를 호출하거나 출입문을 열고 닫으며, 로봇이 공간을 효율적으로 이동하며 사용자에게 다양한 서비스를 제공할 수 있도록 하는 다양한 기능을 제공하고 있다.

이런 일련의 과정을 가능하게 하는 중요한 인프라 중 하나가 바로 5G 통신이다. 수많은 로봇을 클라우드 시스템과 연결하고, 각종 시설과 끊김 없이 이어줄 수 있는 통신 환경이 필요했다. 초고속, 초연결, 초저지연이라는 장점을 가진 5G를 사용하면 기존 무선통신보다 지연 시간이 훨씬 짧아지는데, 이는 곧 로봇의 반응 속도를 훨씬 빠르게 개선할 수 있다는 걸 의미한다.

5G를 통해 클라우드와 로봇을 실시간으로 연결할 수 있기 때문에, 로봇의 두뇌를 로봇 본체가 아닌 클라우드로 옮길 수 있다.

클라우드를 로봇의 두뇌로 활용하면 많은 수의 로봇 성능을 동시에 높이고, 지속적인 업데이트가 가능해 로봇을 운용하기에 매우 효율적인 환경이 된다. 현재 1784의 로봇들은 클라우드 두뇌를 통해 동시에, 똑똑하게 업데이트되고 있다.

하지만 이 과정이 순탄했던 것만은 아니다. 당시 우리나라는 이동통신사가 아닌 일반 기업은 통신용 주파수를 할당받을 수 없었다. 그렇다고 이동통신사에서 제공하는 5G를 사용하자니 다운로드 중심인 스마트폰 환경에 맞춰져 있어 1784 같은 클라우드 기반의 로봇 시스템에 적합하지 않았다. 테크 컨버전스 빌딩이라는 측면에서도, 이 안에서 일어날 다양한 실험을 위해서도 5G 특화망 구축은 절실했다.

결국 정부, 국회를 비롯한 다양한 정보통신 관련 책임자와 유관부서를 만나 로봇 기술의 가치를 적극적으로 설명했고, 수많은 설득 과정 끝에 민간 기업 최초로 5G 특화망 구축 허가를 받았다.

100여 대의 로봇과 5G를 본격적으로 실험할 수 있는 환경을 마련한 순간이자, 진정한 테스트베드로서의 조건을 갖춘 순간이었다.

1784 로봇을 실시간 관제하는 ARC 모니터링룸

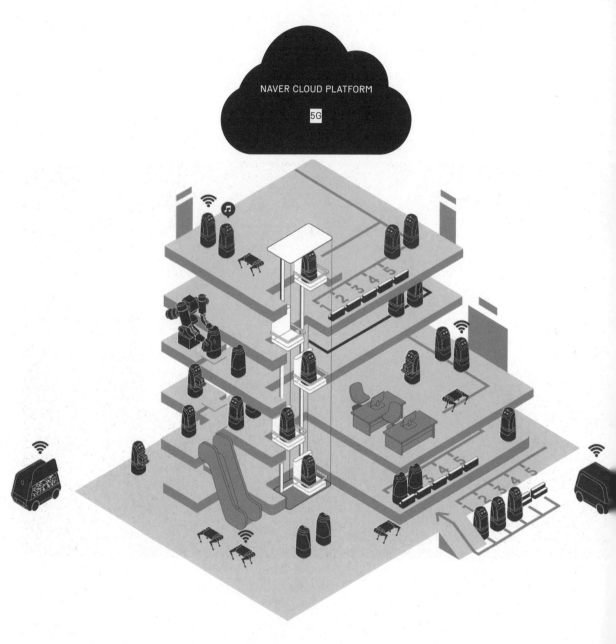

클라우드 로봇 기술의 장점

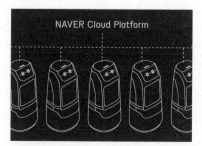

멀티 로봇의 동시 제어

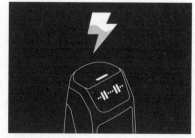

로봇의 전력 소모 감소

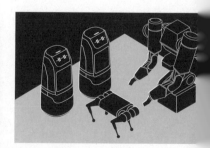

고성능, 고정밀 제어

아크ARC 시스템은 클라우드를 기반으로 로봇의 눈과 두뇌 역할을 한다. 1784 내에서 게이트, 엘리베이터 같은 빌딩 인프라와 로봇, 서비스를 연결한다.

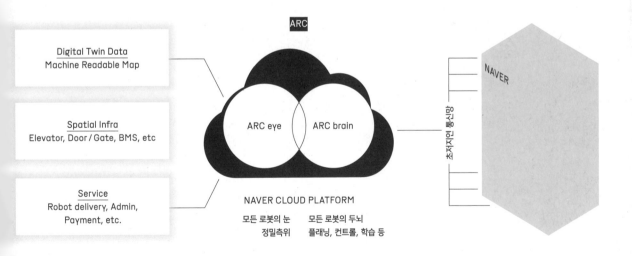

두 개의 1784

1784를 방문한 사람들은 건물 안에서 자유롭게 이동하며 사람과 함께 생활하는 많은 로봇을 보며 신기해한다. 그때마다 우리가 설명하는 기술적인 포인트는 '1784는 하나가 아니라 둘이라는 것. 오프라인의 1784, 온라인에 똑같이 복제된 1784가 있다'는 것이다.

즉, 현실 세계의 1784를 그대로 복제해 디지털화한 1784가 하나 더 있는 셈이고, 이러한 기술이 로봇과 사람이 공존하는 환경을 만드는 데 핵심적인 역할을 하고 있다.

이 기술이 바로 거울 세계라고도 불리는 '디지털 트윈'이다. 1784의 로봇들은 현실 공간을 이해하고, 이동하는 데 이 디지털 트윈 데이터를 사용한다. 마치 사람들이 지도 앱이나 내비게이션으로 모르는 곳에서도 쉽게 길을 찾는 것과 같은 원리로, 디지털 트윈은 로봇을 위한 지도 개념으로 이해하면 쉽다.

실제 1784 속 로봇들은 현실 공간에서 다양한 업무를 수행하고 이동하지만, 동시에 디지털로 복제된 공간 속에서도 똑같이 이동하고 업무를 수행한다. 이처럼 현실세계를 그대로 본뜬 디지털 트윈 데이터를 클라우드에 업데이트해놓으면 AI 기술을 활용해 로봇의 현재 위치 정보를 쉽게 파악할 수 있을 뿐 아니라 목적지까지 최적화된 경로도 생성할 수 있다.

그럼 그 디지털 세계는 어떻게 만드는 것일까? 여기엔 네이버랩스가 자체 개발한 매핑로봇 M2가 활용된다. M2는 1784 곳곳을 돌아다니며 공간 정보를 획득하고, 디지털 트윈을 만든다. 이러한 디지털 트윈 데이터를 다른 로봇들이 지도로 활용하기 위해서는 중요한 기술 하나가 더 사용된다. 컴퓨터 비전 기반의 측위, 즉 비주얼 로컬라이제이션 Visual Localization 이라는 기술이다. 이 기술은 로봇의 카메라로 찍은 한 장의 사진을 AI 기술을 이용하여 클라우드의 디지털 트윈 데이터와 비교하여 빠르고 정확하게 로봇이 스스로의 위치를 알 수 있도록 한다. 게다가 실내에 조명이나 인테리어가 일부 변경되거나, 보행자가 이동하는 등 환경이 변화하더라도 정확하게 위치를 인식할 수 있다.

이러한 기술들이 모여 앞서 설명한 로봇의 눈, 아크아이 ARC eye 가 작동하도록 해주며 오프라인뿐 아니라 온라인에서도 건물이 하나 더 존재하도록 만들어준다. 사옥에 디지털 요소를 일부 적용하는 게 아니라 사옥을 통째로 디지털화한다는 시도는 이렇게 완성되었다.

시각화한 1784의 디지털 트윈

비주얼 로컬라이제이션 기술 데모

디지털 트윈을 만드는 매핑로봇 M2

수평도 어려운데
수직 이동이 필수라니

'친로봇 빌딩'을 구현하며 가장 어려웠던 점은 로봇 수를 1대가 아니라 100여 대로 잡았다는 것이다. 이는 1784의 규모와 인원수, 이 공간 안에서 일어날 다양한 배달 서비스에 대한 총체적인 시나리오를 감안한 숫자였고 향후 더 늘어날 가능성도 있었다. 당시 전 세계 어떤 공간에서도 이런 규모의 서비스 로봇을 동시에 운영한 사례가 없었다. 현실적인 어려움을 생각하면 걱정이 앞섰지만 설렘도 있었다. '첫 시도'는 많은 가능성을 실험할 수 있는 기회였기 때문이다.

우리에게 주어진 과제 중 하나는 로봇이 1784의 각 층들로 자유롭게 이동할 수 있도록 하는 것이었다. 가장 쉽게 떠올릴 수 있는 아이디어는 사람처럼 엘리베이터에 탑승시키는 것이었다. 실제로 1784의 엘리베이터 총 38대 중 35대는 로봇이 함께 탑승할 수 있다. 이를 위해 검토할 것이 많았다. 건물을 수직으로 관통하는 긴 터널 속에서 탑승자를 안전하게 이동시켜야 하기에 사고 방지를 위해 엄격한 안전기준을 갖춰야 했다. 이러한 시스템을 크게 변화시키면 더욱 복잡해지기 때문에 엘리베이터가 로봇을 사람과 동일하게 인식할 수 있게끔 여러 가지를 충족시켜야 했다.

반면 엘리베이터를 이용할 때 사람과 로봇이 다른 점도 있다. 로봇은 사람처럼 엘리베이터를 호출하기 위해 이동 방향의 버튼을 누르거나, 엘리베이터 내에서 목적층 버튼을 누르거나 할 수 없다. 또한 엘리베이터가 현재 어느 층을 지나고 있는지, 목적 층에 도착했는지도 알기가 어렵다. 이러한 문제들도 해결해야 했다. 엘리베이터를 제어하는 시스템은 안전을 위해 폐쇄망에 설치되어 있다. 보안을 고려해, ARC 시스템이 안전하게 엘리베이터와 통신하는 방법을 찾아서 적용했고, 엘리베이터 내부의 로봇이 ARC 시스템과 끊김 없이 연결될 수 있도록 엘리베이터 내에 무선 AP를 설치했다.

로봇이 탑승할 때 다른 탑승자가 불편하지 않도록 엘리베이터 배정 알고리즘에도 신경을 썼다. 디스플레이를 활용해 로봇이 타고 있음을 미리 안내하는 것도 사람들의 이해를 구하고자 고민했던 부분이다.

그럼에도 100여 대의 로봇을 수직 이동시키는 일은 한계가 있었다. 아무리 기술적으로 완벽하게 엘리베이터에 탑승하고 사람들의 이해를 얻는다 해도 붐비는 출퇴근 시간이나 점심 시간에 원활한 서비스를 할 수 없으리라는 결론에 도달했다. 엘리베이터 대수는 애초에 입주한 사람들의 인원을 고려해 정한다. 로봇 서비스가 활성화될수록 함께 늘어날 이동 횟수까지 고민해야 했다. 무엇보다 테스트베드로서 좀 더 과감하게 로봇의 수직 이동을 감당할 수 있는 우리만의 방법을 적극적으로 검토해보고 싶었다.

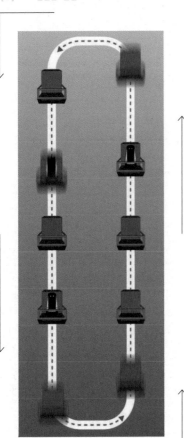

순환하는 레일을 따라 10 ~ 15개의
캐리어가 전 층을 오르내리는 방식

이동량이 많아지면 캐리어를 추가해서 대응
캐리어마다 모터 탑재, 독립적 운행 가능
상호 속도 및 위치 정밀제어로
서로 안전거리 유지

"아예 로봇 전용 엘리베이터를 만드는 것은 어떨까요?"

이 아이디어가 나왔을 때는 이미 건물 골조가 지상 5층까지 올라간 상태였다. 만약 로봇 전용 엘리베이터, 다시 말해 수직 반송 장치를 도입한다면 설계 변경을 아주 큰 규모로 진행해야 했다. 우리는 또 한 번 중요한 결정을 내렸다. 로봇 전용 엘리베이터를 아예 새로 개발하기로 한 것이다.

수많은 로봇이 한 번에 제어되는 환경과 규모를 생각하면, 로봇의 수직 이동에 자유도를 부여하는 일은 충분히 투자할 만한 가치가 있었다. 넓은 물류창고나 데이터센터 등을 제외하면 대부분의 건물이 수직으로 높게 솟아 있는 우리나라의 건축 환경을 고려했을 때 도전해볼 만한 과제였다. 엘리베이터 같기도 하고 관람차 같기도 한 이 유례없는 인프라를 우리는 '로보포트ROBOPORT'라 이름 붙였다.

우선 로보포트를 설치할 위치부터 검토했고, 건물의 중심 부근에서 적당한 크기의 공간을 찾아냈다. 로봇이 각층의 업무 좌석과 회의실까지 최단거리로 이동할 수 있는 최적의 위치였다. 덕분에 지하 1층부터 지상 5층까지 6개 층의 바닥을 철거하고 구조를 보강하는 작업이 필요했다.

자리를 잡은 후에는 최대 이동량을 확보하는 데 초점을 맞춰 로보포트를 설계했다. 우리에게 익숙한 형태의 엘리베이터와 달리 많은 로봇을 동시에 실어 나를 수 있도록 순환하는 레일 위에 여러 대의 캐리어를 매달아 움직이는 방식을 택했다. 대관람차 모양을 연상하면 이해하기 쉽다. 물론 각 캐리어를 독립적으로 컨트롤할 수 있다는 점은 다르다. 이는 확장성을 고려한 설계로 운용 중인 로봇의 수에 따라 작동하는 캐리어가 최대 15대까지 늘어난다.

로보포트는 세상 어디에도 없는 시설이었다. 서비스의 확장, 안전사고 대비, 시설 유지 관리와 에너지 절감 차원에서 다양한 시나리오와 강도 높은 검토가 계속되었다. 그렇게 세부 사항을 집요하게 보완하며 세계 최초의 로봇 전용 엘리베이터를 1784에서 구현해냈다.

지하2층 로보포트의 최하부, 캐리어 수평 이동 및 미운영 캐리어 보관 공간

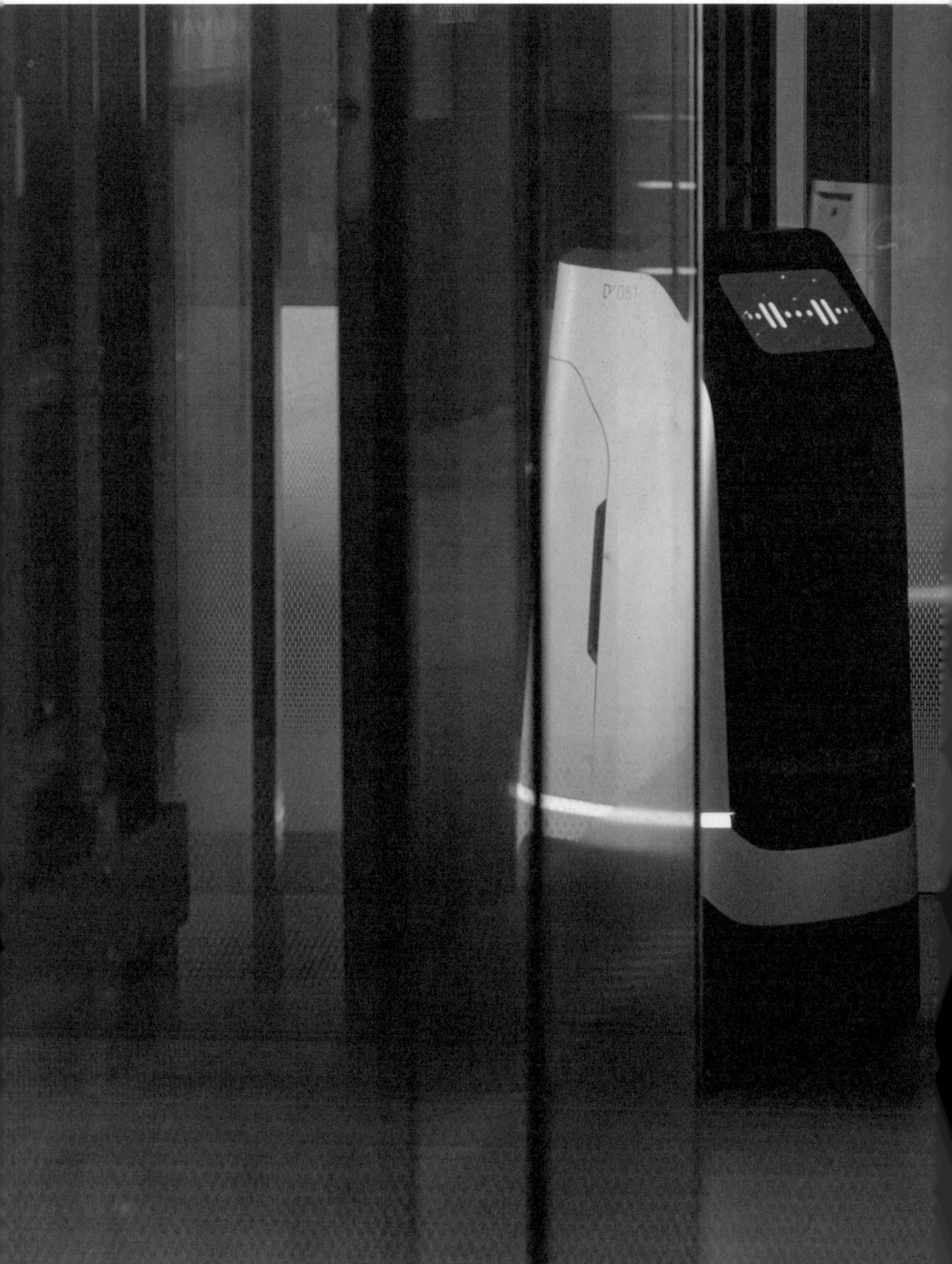

Ep1. 최초의 로봇 전용 엘리베이터

지하 1층 ~ 28층 운행
현대무벡스와 함께 개발
네이버랩스의 관련 특허 국내 8개/해외2개
(24년 6월 말 기준)

로보포트 1:1 목업 테스트(현대무벡스 청라공장)

Ep2. 엘리베이터라고 부르기에는 특이한 구조 – 사실 수직 반송 장치에 가깝다.

'수직 반송 장치'라는 생소한 명칭으로 고쳐 소개하는 이유는 이 로봇 전용 엘리베이터가 일반적으로 지칭하는(사람이 탑승 가능한) 승강기와는 기능적으로 구분되기 때문이다. 첫 아이디어는 엘리베이터 개념에서 시작되었지만 구현하는 과정에서 기술적, 법적으로 사람이 탑승할 수 없는 물류 운송을 위한 기계 설비로 만들어졌다.

Ep3. 로보포트는 이렇게 움직인다.

가운데 전실을 중심으로 2개의 뱅크Bank(캐리어가 이동하는 수직 통로)가 나란히 배치되어 있다. 가장 큰 특징은 두 개의 통로가 최상층과 최하층에서 순환레일로 이어져 있다는 점이다. 수직으로 길게 뻗은 대관람차를 떠올리면 이해하기 쉽다. 최대 15대의 캐리어Carrier(로봇이 탑승하는 수송기)가 순환레일을 통해 움직이며 로봇을 수직 이동시킨다. 2개의 뱅크 중 오른쪽은 상행, 왼쪽은 하행으로 움직이며 최상층과 최하층에서는 수평으로 순환 이동한다. 또한 이동량에 따라 캐리어 수를 조절할 수 있다. 지하 2층 보관소에 여유분의 캐리어를 보관하고 있다가 이동량이 늘어 호출이 오면 보관하던 캐리어를 내보내는 방식이다. 이동량이 적을 때는 캐리어를 보관소로 다시 옮겨 에너지를 절감할 수 있다. 모든 캐리어에는 개별 모터가 탑재되어 있어 독립적인 운행이 가능하며 속도와 위치를 개별적으로 정밀하게 제어할 수 있어 캐리어 간의 안전거리도 유지한다. 각 캐리어는 최대 90m/min로 운행한다. 올라갈 때는 전기를 사용하고 내려올 때는 회생 제동을 활용해 약간의 전기를 충전할 수 있다. 안전을 위해 로보포트 전실의 자동문과 안쪽 뱅크의 문은 동시에 열리지 않게 설계했다. 한쪽이 닫혀야만 다른 한쪽이 열리는 구조다. 각 단계별로 탑승 로봇과의 신호를 확인해 사람의 접근을 확실하게 막고자 했다.

로보포트 1:1 목업 테스트(현대무벡스 청라공장)

로봇이
일상 속에 들어오려면

주요 딜리버리 서비스의 거점으로는 로봇 택배 공간, 라운지5, 스타벅스 로봇 카페 등이 있다. 이 주변은 로봇의 통행이 많기 때문에 사람과의 만남도 잦다. 사람의 통행이 많은 공간에서는 동선계획에 특히 신경 쓰는 것처럼 로봇의 이동이 잦고 사람과 마주칠 일이 많은 곳이어서 동선을 더 깊게 고민하게 되었다. 공간마다 사용자와 로봇의 움직임에 따라 적절한 동선과 디자인을 고민했다. 로봇은 사람들의 움직임을 감지하고 유연하게 자율주행하지만 효율적인 동선은 배송 속도를 높여 서비스에 대한 만족을 줄 수 있기 때문이다.

라운지5 로봇 대기 공간

로봇 택배 공간 내부

사람들의 이동이 많은 업무 지원 공간에서 로봇이 사람의 동선을 방해하지 않고 빠르게 움직일 수 있도록
로봇 전용 통로를 마련했다.

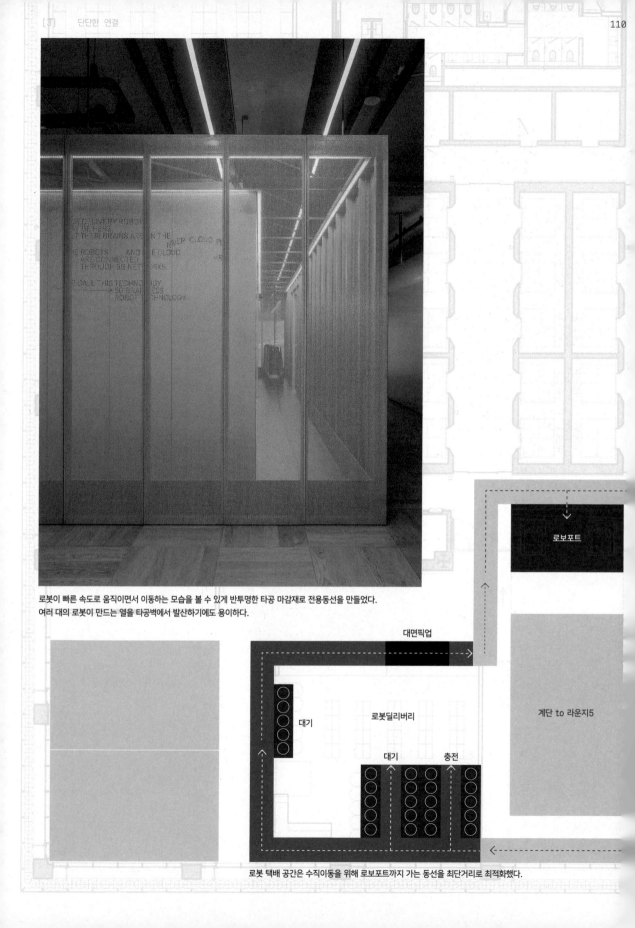

로봇이 빠른 속도로 움직이면서 이동하는 모습을 볼 수 있게 반투명한 타공 마감재로 전용동선을 만들었다.
여러 대의 로봇이 만드는 열을 타공벽에서 발산하기에도 용이하다.

로봇 택배 공간은 수직이동을 위해 로보포트까지 가는 동선을 최단거리로 최적화했다.

대면 픽업 공간과 로봇 전용 통로가 교차하는 구간의 1:1 실물모형 Mock-up 테스트

우리도 로봇에게
적응하는 중

1784라는 공간도 로봇을 받아들일 준비가 필요했다. 로봇 서비스 시나리오로 두 가지 측면을 고민했다. 하나는 '사용자와 사용자를 연결할 때 불편함은 무엇이고, 로봇 기술이 이를 어떻게 해결할 수 있을까'였고, 다른 하나는 '새로운 시스템을 적용함에 있어 부수적으로 생길 문제는 무엇이고, 이를 어떻게 간단하게 해결할 수 있을까'였다.

한두 대의 로봇이라면 굳이 이런 시나리오를 예상할 필요가 없지만 약 5천 명이 근무하는 오피스 공간에 100여 대의 로봇이 오간다면 편리함보다 낯선 감정이 먼저 들 수 있다. 로봇은 같은 공간에서 사람과 자연스럽게 공존하면서도 역할을 계속 확장해야 하기에 더욱 꼼꼼한 예측과 설계가 필요했다.

예를 들어 로봇들은 사람과 부딪치지 않도록 설계되어 있지만 사각지대에서 로봇을 보지 못하고 접근하는 사람을 민첩하게 피하기란 쉽지 않다. 또한 로봇이 반드시 지나가거나 정차해야 하는 위치에 사람들이 밀집해 있을 경우, 로봇과 사람이 엉켜 붐빌 수 있었다. 이런 경우는 로봇 대신 사람이 있다고 해도 해결하기 쉽지 않은 문제였다.

> "특정 공간에서는 사람이 로봇을 더 잘 인지하도록 적극적으로 안내할 필요가 있었어요. 로봇이 가로질러 가는 복도, 다수의 로봇이 자주 정차하는 구역, 로봇만 출입 가능한 구역 같은 곳이 그렇죠. 안전하면서도 원활한 서비스를 위해 누구나 직관적으로 이해할 수 있는 안내 방식을 찾아야 했어요."

우리는 건물 내에 사용할 사이니지에서 첫 번째 답을 찾았다. 사람을 위한 '오렌지', 로봇을 위한 '블루', 안전 관련해서는 '라임 옐로(형광색)' 등 주요 색상을 정하고 이를 사이니지 체계에 도입했다. 파란색의 로봇 시그니처 컬러를 이용해 로봇이 이동하는 동선을 사람에게 알려주고, 공간 네이밍이나 안내 문구에도 이를 적용해 표기했다. 덕분에 1784 안에서는 파란색만 쫓아도 다양한 로봇, 기술 서비스를 만날 수 있다. 이런 컬러 구분은 바닥의 로봇 동선 표시 외에도 각종 구조물과 사이니지, 엘리베이터 내외부 LED 디스플레이에도 적용해 시인성을 높였다.

누군가는 1784 내부 바닥에 그려진 파란 선을 로봇들이 인식하고 따라간다고 오해하기도 한다. 로봇들은 파란 선을 따라 움직이는 것이 아니다. 로봇의 동선을 파란색으로 표시한 것은 사람들에게 도움을 주기 위해서다. 로봇의 이동을 미리 인지하는 것만으로도 보행자는 심리적 불편함이 줄어들고 관대한 성향을 보인다. 궁극적으로는 로봇과 사람이 서로에게 완벽하게 적응하는 시점에 이 파란 선도 사라질 것이다.

1784의 사용자들이 로봇을 더 친근하게 느끼도록
로봇에 붙인 닉네임이 있다. 루키Rookie이다.
사실 본명에 해당하는 모델명은 '어라운드AROUND로,
사용자들을 만나기 전 기술 개발 단계에서
엔지니어들에게는 어라운드가 익숙했다. 1784가
오픈하고 어라운드 로봇이 사용자를 만나게 되면서
더 친근하고 부르기 쉬운 이름이 필요했다.
'루키'로 부르게 된 것은 마치 새로 합류한
신입 동료처럼 봐달라는 의도에서다. 루키가 검증할
여러 테스트에 사용자들이 즐겁게 참여하고, 이러한
경험을 자양분 삼아 계속 성장하는 동료처럼
느꼈으면 했다. 한편으로는 로봇을 대하는 사용자의
과도한 기대를 일정 수준 완충하는 효과도 있었다.

루키는 사람과 함께하는 성장형 로봇 그 자체다.
1784에 처음 들어왔을 때 세팅된 속도나
이동 경로, 사람에게 서비스를 제공하는 방식
등 세세한 설정과 움직임은 매일 사용자들을
만나면서 모두 다시 검증됐다. 지금은 사람이
없는 복도에서는 더 빠르게 이동하는 등 1784에
적응하며 세세한 행동 방식이 계속 진화하고 있다.

쓰임도 마찬가지다. 루키는 애초부터 서비스
로봇으로 태어났다. 서비스 로봇으로서 제공할
수 있는 가장 큰 가치를 찾는 것에 집중했다.
처음에는 수요가 많은 택배를 첫 서비스로 정했다.
단기간에 정말 많은 테스트를 할 수 있어서
루키와 엔지니어 모두에게 좋은 테스트 환경이었다.
택배를 시작으로 도시락과 카페 음료 배달,
편의점 등 수요와 선호도가 높은 순으로 서비스를
확장했다. 특히 가장 최근에 시작한 로봇 편의점
서비스의 경우 네이버핸즈 소속의 발달장애 사원들이
루키와 협업한다. 루키는 사용자뿐 아니라 다양한
협업자와 상호작용을 학습해가고 있다.

로봇의 눈은 사람과 달라서

1784에 로봇을 도입하며 기존에 계획한 건축 마감재를 재검토할 때였다. 로봇의 일부 광학 센서가 유리 같은 투명한 물체를 인식하지 못했고 이럴 경우 로봇이 충돌을 유발할 수 있었다. 우리는 고민 끝에 해결책을 찾아냈다.

사람이 보기에 거슬리지 않으면서도 로봇이 확실히 인지할 수 있도록 통유리에 적용할 안전 패턴을 개발한 것이다. 로봇 자체의 센서 구성이나 알고리즘을 통해 극복할 수 있는 부분도 있지만, 동시에 공간 자체에서도 안정성을 보다 높일 수 있는 방법을 병행하겠다는 결정이었다.

> "개발자와 디자이너가 팀을 이뤄 안전 패턴 테스트를 진행했어요. 엘리베이터홀 출입문에 패턴과 투명도가 미세하게 다른 필름을 다양한 위치에 계속 붙여간 거죠. 모든 공간에 동일한 패턴이나 컬러를 적용할 것은 아니었기 때문에 다양한 색상과 패턴을 시도했죠. 그런 과정을 거쳐 지금의 결과를 얻어냈어요. 미세한 차이의 컬러 값도 놓치지 않으며 로봇이 인식할 수 있는 패턴 디자인을 찾기 위해 많은 노력을 기울였어요."

테스트 결과 컬러와 투명도에 따라 효과가 달랐다. 지면에서부터 높이 60cm 이상까지 필름이 올라와야 했고, 특히 20cm 부분까지는 최대한 불투명하게 막혀 있을 때 인식이 잘되었다. 패턴 간격을 조절하고 공간과의 조화도 고려했다. 시공도 복잡하지 않아야 했다.

현재 1784에 적용된 안전 패턴은 많은 문제를 하나하나 테스트하고 최적화한 결과물이다. 업무 공간은 하얀색 패턴으로, 공용 공간은 층마다 적용된 컬러에 어울리는 색으로 안전 패턴을 디자인해서 로봇도 1784 공간에 적응할 수 있도록 했다.

디지털 트윈과 AI 비전기술로 주변환경을 인식하는 로봇 자율주행

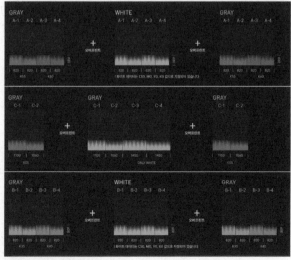

로봇 충돌 방지 안전 패턴 디자인 테스트

로봇 충돌 방지 안전 패턴 디자인 적용 사례

로봇 충돌 방지 안전 패턴 디자인

일상 속 진화

4

1784 프로젝트는 전에 없던
새로운 것을 만드는 과정이 아니었다.
우리가 기존 사옥에서 경험한 일상의
니즈를 발견하고 이를 연결하거나
확장하는 시도였다.

배달부터 해보면 어떨까?

"로봇이 사람을 돕기 위해 꼭 인간과 같은 형태를 갖춰야 할 이유는 없습니다. 사람이 더 잘하는 일을 로봇이 대신할 필요도 없고요. 이를 설명하기 위해 자주 인용되는 이야기가 통계학자인 한스 로슬링이 언급한 이른바 세탁기 사례인데요, 산업혁명 시기에 개발된 가장 위대한 발명품 중 하나가 세탁기인 이유는 기계가 대신 빨래를 해줌으로써 인간은 다른 일에 집중할 수 있었기 때문이란 거죠. 하지만 그렇다고 세탁기가 사람과 같은 모습을 하고 있거나 심지어 사람처럼 빨래를 하는 것은 아닙니다. 로봇 역시 마찬가지입니다. 단순히 사람을 닮은 로봇을 만드는 게 아니라 사람이 더 가치 있는 일을 할 수 있도록 도와주는 로봇을 만드는 게 더 중요한 것이죠."

다양한 로봇 중에서 '왜 바퀴 달린 자율주행 로봇으로 1784 서비스를 시작한 것이냐'는 질문에 대한 답변이었다.

1784에 로봇을 도입하려는 논의는 2018년 12월에 시작되었다. 당시 로봇팀은 로봇이 실제로 사람을 도울 수 있어야 한다는 매우 단순하고 본질적인 접근 방식에 집중했다. 1784는 반드시 로봇의 실질적인 유용성을 증명하는 테스트베드여야 했다.

이를 위해 특별한 아이디어에 천착하기보다 일상의 문제를 살펴보았다. 최대한 많은 사람에게 필요한 보편적 요구 사항을 정리했다. 그리고 이를 해결하는 로봇 서비스는 사람이 직접 하는 것보다 더 나은 것이어야 한다는 기준도 세웠다. 더불어 네이버가 로봇 분야에서 선도적인 위치를 점하겠다는 목표도 세웠다. 많은 시나리오를 분석한 끝에 순찰, 안내, 시설 관리 등 다양한 후보를 제치고 '배달'을 첫 번째 서비스로 개발하기로 결정했다.

로봇 배달은 누구나 사용할 수 있다는 타깃의 보편성, 업무 몰입을 방해하지 않는 자연스러운 지원, 과시용이 아닌 실질적으로 도움되는 서비스라는 점에서 높은 평가를 받았다. 실제로 구성원을 대상으로 한 사전 인터뷰에서도 가장 기대감이 높은 서비스로 꼽혔다. 택배를 찾거나 음료를 사러 가는 등 이동 과정에서의 시간을 절약하고 빌딩 내 불필요한 트래픽을 줄일 수 있다면, 편리할 뿐만 아니라 업무 생산성도 올라갈 것이었다.

게다가 배달 로봇 기술은 외부에서의 잠재 수요도 높았다. 아직 고층 빌딩 내에서 다수 로봇이 수직, 수평으로 이동하는 것이 완벽하게 해결된 사례가 없었기 때문에, 이러한 기술을 충족하면 자연스럽게 외부 수요와 연결될 것이라 예측했다. 또한 서비스 확장성도 용이하다. 무엇을 배달하느냐에 따라 경로와 타깃, 시나리오가 다양하게 변주되기 때문이다.

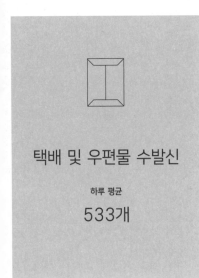

택배 및 우편물 수발신

하루 평균

533개

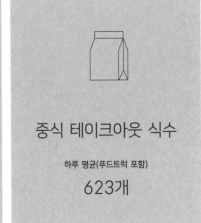

중식 테이크아웃 식수

하루 평균(푸드트럭 포함)

623개

사내 카페 음료 이용

하루 평균

3,264잔

그린팩토리 2019년 기준 데이터(3,750명 근무)
단, 카페 이용률은 2018년 기준

우리는 배달이라는 가장 기본적인 과업을 중심으로 건물이 완성되었을 때 만들어질 여러 동선과 시나리오를 그리기 시작했다. 사용하는 방법부터 실제 배달에 걸리는 시간, 업무 처리 방식에 이르기까지 서비스가 어떻게 작동할지 구상했다. 또한 그린팩토리의 하루 평균 카페 이용 인원 및 시간대별 수요, 점심시간 테이크아웃 메뉴의 통계, 소포와 우편물의 양과 배달 과정을 면밀히 검토했다. 그리고 1784에 필요한 로봇 수와 로봇 전용 엘리베이터 수를 추정했다. 로봇 배달 서비스를 시작한다면 얼마나 자주, 어떤 상황에서, 어떤 품목을 배달할지에 대한 설문도 이어갔다.

1784의 로봇 서비스는 그렇게 윤곽을 잡아가기 시작했다.

WORKS에서 ——————→   2F 스타벅스 음료를 주문하면
5F 라운지5 키친 음식을 주문하면
6F에 도착한 택배를 예약하면
6F 편의점 상품을 주문하면
동료 간 전달할 물품을 로봇에게 맡기면
…

루키가
업무층(자리)까지
배달해줍니다.

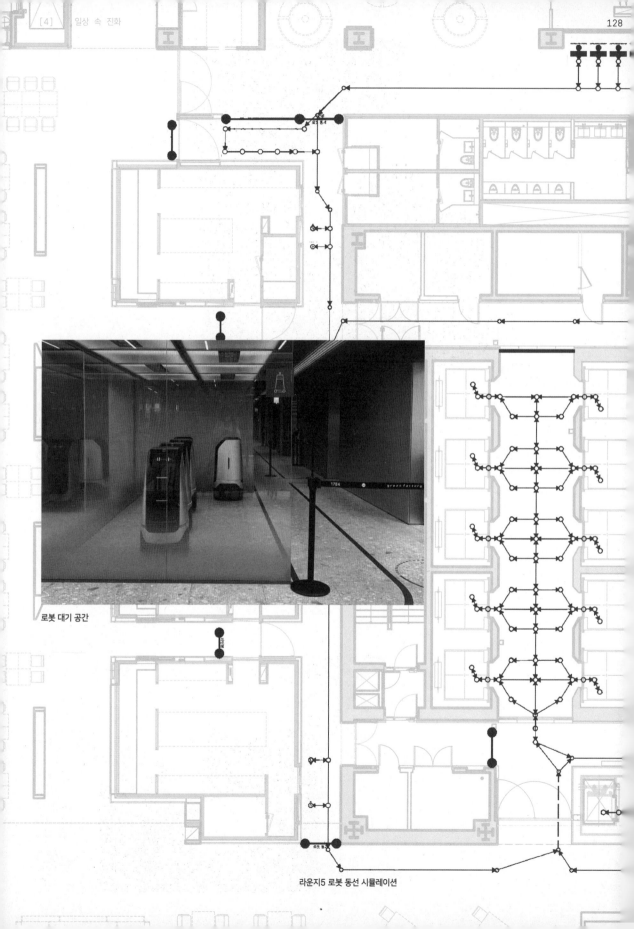

로봇 대기 공간

라운지5 로봇 동선 시뮬레이션

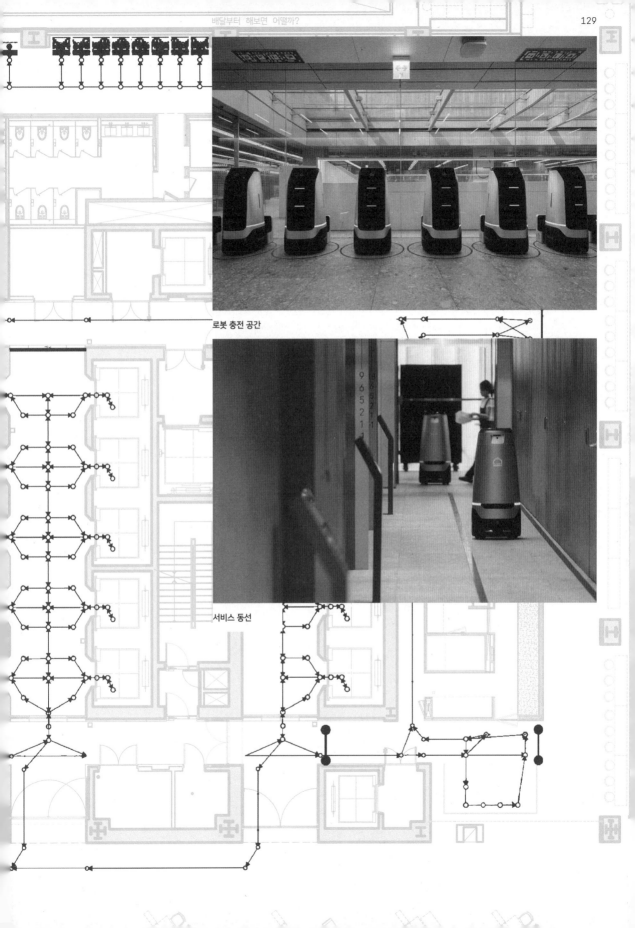

로봇 충전 공간

서비스 동선

2019.6　　　　　　2019.11　　　　　　2019.12　　　　　　2020.9

장애물 회피 거리 수용도 테스트(AROUND-G)

보행자 관점에서 로봇의 회피 적정 거리 테스트 및 주행 성능 평가

유저 테스트 @M타워 식당

로봇의 비언어적 표현 및 주행방식에 대한
다양한 사용자들의 경험 비교 평가 진행

로봇 글로벌 주행경로에 따른 수용도 비교평가

'좌측/중앙/우측통행'과 '넓은/좁은 복도'와
같은 다양한 로봇 주행경로와 환경에서의
사용자 만족도를 비교평가

파일럿 테스트 @그린팩토리 카페

주행 알고리즘, 서비스 시나리오, 외형 디자인과 게이즈, 사운드 등
로봇 서비스에 필요한 요소의 종합적으로 검증하기 위한 파일럿 테스트

2021.6 / 9   2021.11   2022.5

1 / 2차 주행 테스트 @M타워

로봇의 주행 성능 평가, 사람 친화적 주행기준을 고려한
개선점 도출

 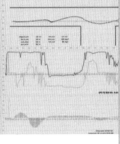

3차 주행 테스트 @1784

직선 주행, 회피 거리, 우측 통행 등 주요 요소에 대한 주행 성능 평가

4차 주행 테스트 @1784

좁은 복도나 코너, 사람을 유연하게 회피해야 하는 상황 등
다양한 실내 환경에서의 주행성능 검증

얼굴만으로도 다 된다면

1784 건물에 들어와 출입 게이트에 다가가면 '페이스사인FaceSign' 화면에 'OOO님, 안녕하세요!'라는 문구가 뜬다. 마스크를 쓴 채 걸음을 멈추지 않아도 0.1초 만에 스피드게이트를 통과할 수 있을 만큼 인식 속도가 빠르지만 시작은 만만치 않았다. 1784 프로젝트에 참여하기 전까지 네이버가 가진 기술은 사람의 얼굴을 감지하는 초기 수준에 머물러 있었고, 페이스사인 팀 내부에서도 이 데모 서비스를 어디에 적용할 수 있을지 고안하는 단계였기 때문이다.

> "이미 세상에 등장한 얼굴 인식 기술은 많지만 사람이 기술에 맞춰야 하는 경우가 많았죠. 얼굴을 가까이 대거나 알아서 걸음 속도를 줄이는 식으로요. 우리는 사람이 평소에 하던 대로 행동해도 얼굴을 인식하는 데 전혀 문제가 없게끔 기술이 알아서 맞추는 것을 목표로 삼았어요. 국내에서 벤치마킹할 수 있는 사례가 거의 없어서 여러 시나리오를 생각하고 질문을 던졌어요. 그럼에도 불안했죠. '진짜 잘될 수 있을까?', '문제없이 잘되려면 어떻게 해야 하지?' 그래서 더더욱 유관 부서와 많은 논의가 필요했어요."

페이스사인팀은 1784 신사옥 내에 적용할 페이스사인의 목표를 0.5초 내에 얼굴을 인식하는 수준으로 잡았다. 처음에는 이미 상용화된 디바이스에 네이버의 AI인 클로바Clova의 소프트웨어를 탑재하는 방식으로 접근했다. 하지만 멀리서 걸어오는 사람이 속도를 크게 줄이지 않은 채로 자연스럽게 게이트를 통과하려면 무엇보다 사진의 품질이 좋아야 했다. 체계화된 보안 로직과 적외선 카메라도 필요했다. 말 그대로 어느 것 하나 부족함 없이 맞물려 돌아가야, 그것도 최상의 수준으로 구현되어야 우리가 원하는 수준의 결과물에 다다를 수 있었다. 그런데 막상 상용화한 디바이스는 우리의 기대에 미치지 못했다. 1784 건물 안에서 구현하고 싶은 경험의 수준이 높았기 때문이다. 다시 원점으로 돌아갔다.

우리는 새로운 디바이스 개발과 함께 이에 맞는 전용 하드웨어 '클로바 페이스사인CLOVA FaceSign'을 새롭게 만들었다. 심플한 조형감, 사용성에 집중한 직관적인 UI 디자인을 담으면서 다양한 건축 환경과도 조화를 이룰 수 있게 했다. 현재 네이버 클로바 페이스사인은 먼 거리에서도 0.1초 안에 사람을 인식할 수 있고, 99.9%라는 높은 인식 정확도를 보여준다.

네이버 클로바 페이스사인은 게이트를 출입하는 것 외에도 업무 지원 시설을 이용할 때 시스템 로그인이 가능하다. 현재 1784 내 사내 병원과 구내 식당 등에서 결제할 때 사용하고 있고, 이를 위해 필요한 인증 솔루션도 개발했다. 인증을 위한 얼굴 등록 절차를 간편화해 별도의 프로그램을 설치하지 않아도 된다.

각 층 게이트에 설치된 클로바 페이스사인 디바이스

1층에 설치된 스피드게이트 페이스사인 디바이스

페이스사인
인식률

99.9%

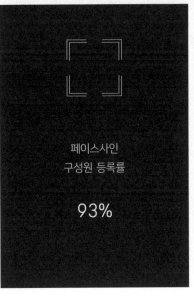

페이스사인
구성원 등록률

93%

사내누적 결제액

약 25억

2023년 5월 도입 ~ 24년 5월

페이스사인팀은 입주 당시 99.6%였던 인식율을
99.9%로 높이기 위해 테스트와 개선 작업을 끊임없이
반복했고, 적용 범위를 입주 당시 출입 보안에서 시작하여
1784 공간 내 결제까지 확대했다.

2019.10   **2020.6**   **2020.9**   **2020.11**

DEVIEW 2019

네이버의 얼굴인식 기술을
외부에 최초로 알리고,
기술 사용성에 대한
테스트 및 검증을 진행

그린팩토리 카페 결제 PoC

얼굴인식이 인증수단이 될 수 있을지에 대한
검증을 위해 사내 시스템과 연동해 테스트를 진행

퍼스트 타워(Glace) 출입 PoC

여러 사람들이 몰리는 공간에서, 양방향
출입을 원활하게 할 수 있는 로직에 대한
검토 및 현장 테스트 진행

데이터센터 각(스마트서버팜) 출입 PoC

출입시스템의 최초 검증 시작

2020.12　　　　2021.01　　　　2021.09　　　　2022.03　　2022.05

1784 베타 오픈

1784
그랜드 오픈

도담빌딩(CLOVA) 출입 PoC

실내 환경에서 최적의 설치값을 찾고, 얼굴 인식률 및
보안 강화를 위한 설정값 튜닝

크래프톤 타워(NAVER Cloud) 출입 PoC

조도가 낮은 환경, 기존과 다른 게이트에 적용하여
고도화 테스트

1784 현장 검증

디바이스 설치 최적화 및 공간별 조도와 역광 여부,
사용 패턴 등을 고려한 인식률 최적화 세팅

조도 테스트

현장 테스트

인공태양 도전기

최적의 설치 높이, 각도 테스트

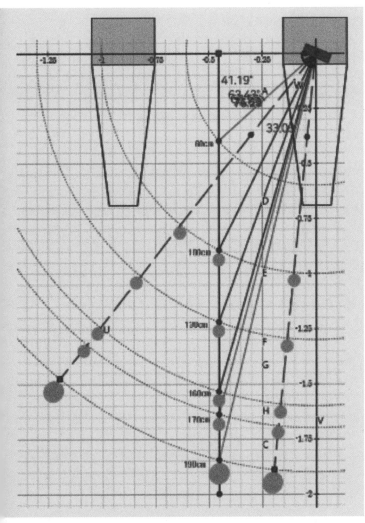

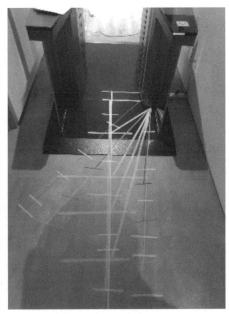

·이즈코리아(https://sizekorea.kr/, 한국인인체지수조사) 데이터 참고: 휠체어 사용성 검토

모바일(앱) 하나로 충분하도록

사람의 수고를 덜어주는 것은 로봇에게만 한정된 임무는 아니었다.

우리는 1784의 서비스를 더욱 편리하고 효율적으로 사용할 수 있는 소프트웨어 인프라를 갖추는 데도 고민을 이어갔다. 별도의 1784 앱을 만드는 방법부터 메신저에 추가 기능을 삽입하는 방법까지 수천 명의 사람들이 각자의 니즈에 맞게 사용할 수 있는 최적의 수단이 무엇일지 여러 대안을 고려했다.

그러다 네이버웍스 <u>1</u>를 활용하는 쪽으로 가닥을 잡았다. 이미 업무 툴로 전 직원이 활용하고 있는 서비스일 뿐 아니라 1784의 다양한 기능을 붙이고 관리하는 데도 효율적이기 때문이었다.

지하주차장에 주차하면 웍스 앱을 통해 자신이 주차한 층과 위치 정보를 자동으로 전송하도록 했고, 출근 시 페이스사인으로 1층 스피드게이트를 통과하면 내가 근무하는 층의 엘리베이터를 자동으로 호출하는 기능을 개발해 탑재했다. 또 택배가 도착하면 원하는 시간과 장소에 로봇이 물건을 배달해주고, 네이버주문을 통해 카페나 식당에서 원하는 메뉴를 선택해 픽업하거나 배달을 받는 등 다양한 편의 서비스를 제공했다. 회의실의 온도와 조도를 조절할 수 있는 시스템과 각종 설비를 예약하고 제어하는 기능도 모두 웍스앱 하나에 담았다.

다만 이 과정에서 여러 고민과 문제가 있었다. 보여줘야 하는 정보도, 구현해야 하는 기능도 넘쳐나는 상황인데 정작 서비스와 정보가 여러 군데 분산되어 있었기 때문이었다. 웍스 안에는 랩스에서 개발한 기술뿐 아니라 클로바의 페이스사인 등 법인만 해도 총 6개의 대상이 엮여 있다. 게다가 법인별로 다루는 서비스가 다양한 만큼 각자의 아이덴티티와 가이드, 접근 경로 등이 모두 달랐다. 하나의 플랫폼을 통해 동일한 사용성을 제공해야 하는데 그 과정이 말처럼 쉬운 것은 아니었다.

이를 해결하기 위해 우리는 각 법인이 가진 기존 경로가 아니라 새로운 단일 채널을 생성하기로 했다. 모바일뿐 아니라 PC 등 어디서든 접근 가능하도록 설계하고 각기 다른 서비스의 다양성은 표현하면서 동시에 통일감은 잃지 않는 최적의 공통 가이드를 제공하기로 했다.

덕분에 웍스는 업무용 협업 도구를 넘어 1784를 원활하게 이용할 수 있는 작은 리모컨 역할도 한다. 루키가 우리의 발을 대신한다면 네이버웍스의 웍스 비서는 손이라고 할 만큼 다양한 일을 맡고 있는 셈이다. 1784가 다양한 가능성을 염두에 둔 공간이듯이 웍스 비서도 여러 가지 기능을 탑재했다. 클로바의 챗봇 빌더를 연동해둬서 갖가지 기능을 쉽게 넣거나 빼고, 수정할 수 있다. 지금은 1784를 편하게 이용하는 데 초점이 맞춰져 있지만 앞으로는 업무에 필요한 기능을 수행하는 AI 비서로 활약할 수 있도록 여러 테스트가 이뤄지고 있으며, 기존의 기능들 역시 끊임없이 고도화되고 있다.

<u>1</u>

네이버웍스는 네이버클라우드가 제공하는 통합 업무 플랫폼으로, 네이버는 물론 전 세계 53만 개의 고객사가 사용하는 서비스다. 1784를 이용하는 임직원들은 각자의 스마트폰에 담긴 이 네이버웍스 앱 하나로 사옥 내 다양한 서비스를 이용하고 각종 기능을 제어할 수 있다.

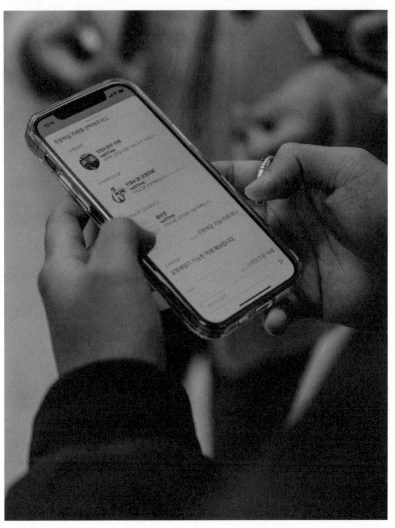

언제든 합치고
또 떼어낼 수 있는

'모듈Module'이란 큰 시스템이나 체계를 이루는 구성 요소를 각각의 독립적인 단위로 구분할 수 있는 것을 뜻한다. 레고를 생각하면 이해하기 쉬운데 여러 블럭이 모여 하나의 형상을 이루기도 하지만 더 이상 쪼갤 수 없는 하나의 블럭도 독립적인 기능을 할 수 있기 때문이다.
　　　　1784는 건축 초기 단계에서부터 이런 모듈형 건물을 지향했다. 이미 그린팩토리 생활을 통해 잦은 조직 개편에 따른 유연한 공간 대응이 필수라는 사실을 인지하고 있었기 때문이다. 그러니 필요할 때 쉽게 합칠 수 있어야 하고 그러려면 동시에 쉽게 분리할 수 있는 모듈형 구조가 되어야 했다.

기둥 간격 8.7m를 시작으로 N등분한 공간 단위를 다양하게 활용하고 있다. 8.7m를 2등분한 4.35m는 천장 골조 아래 구조 보의 간격이다. 가로 4.35m, 세로 4.35m의 정사각 공간은 좌표 체계의 최소 단위이자 구조 보 아래에 벽을 설치해 6인 회의실 1개를 만들 수 있는 단위 공간이 된다. 물리적인 구획뿐만 아니라 주조명의 밝기, 실내 온도, 수직루버 등의 제어를 이 단위 공간으로 묶어 관리할 수 있다. 6등분한 1.45m는 보 사이에 설치한 주조명의 간격이고 커튼월 한 장의 폭이며 연속된 수직루버 3장이 들어가 개폐 각도를 한 번에 제어할 수 있는 최소 그룹이 된다.

이건 어쩌면 조직문화의 DNA가 공간적 DNA로 발현된 것이라고도 볼 수 있다. 네이버는 우리가 다루는 서비스나 도메인별로 조직과 인력을 변화시키는 데 익숙하다. 필요하면 과감히 합치고, 기민하게 대응해야 할 땐 따로 떼어내거나 다른 조직들과 시너지가 날 수 있도록 연결하는 것이 아주 자연스러운 문화이기 때문이다.
　　　　그러니 1784가 모듈로 설계된 것이야말로 가장 우리다운 가치를 반영한 것이라고도 할 수 있다. 그리고 이런 설계가 1784를 테스트베드이자 플랫폼으로 기능할 수 있게 한 아주 중요한 요소다.

8.7m 간격의 기둥 모듈 기준

2등분
4.35m 구조 보 간격
4.35m × 4.35m는 6인 회의실 기본 크기
복사냉방 및 조명 제어 단위 모듈
좌표 체계 모듈

6등분
1.45m 폭의 외장 커튼월 모듈,
업무 공간 주조명 모듈

12등분
복사패널 크기 모듈
0.725m × 1.45m(저층부)
0.725m × 2.175m(고층부)

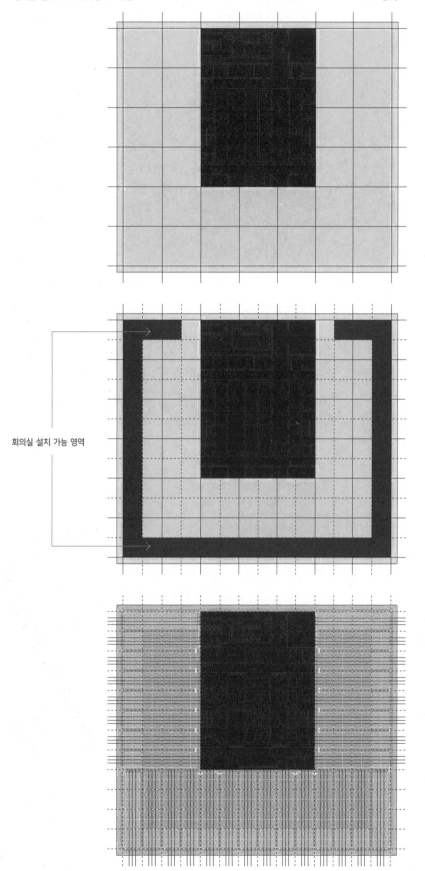

회의실 설치 가능 영역

일정 모듈 기준으로 회의실 구획 가능

네이버는 조직 개편이 잦기 때문에 회의실을
신설 또는 철거하는 경우 공사 범위를 최소화할 수
있도록 시스템화했다. 회의실 설치 가능 영역에는
바닥공조와 복사패널, 조명, 스프링클러를
모두 그대로 사용할 수 있도록 했다.

회의실 설치 가능 구간에 미리 시공해둔 천장 속 벽체

회의실 내부

고층부 복사패널 모듈: 0.725m × 2.175m
공간의 일부를 철거하거나 추가로 구획하기 어려운 천장의 특성상 회의실과 같은 업무층 상황의 변화를 고려해 복사패널 모듈의 크기를 산정했다.

저층부 복사패널 모듈: 0.725m × 1.45m
상대적으로 다양한 기능적 변화가 예상되는 저층부에는 복사패널 모듈의 크기를 더 작게 계획했다.

공간에도 좌푯값이 필요해

그린팩토리의 경우 건물 외벽을 이루는 24개의 기둥에 각각 번호를 부여했다. 북동쪽 모퉁이를 1번으로 정한 후 이를 중심으로 시계 방향으로 번호를 매겼고, '17층 9번 기둥 앞'이나 '10층 7번 기둥 오른쪽' 등의 방식으로 각자의 위치를 설명했다. 그러다 보니 예측 가능한 기준 없이 기둥이 위치한 순서대로 넘버링을 해야 했다.

만약 1784에도 동일한 방식의 기둥 번호를 적용할 경우 건물 가장자리 쪽에 위치한 회의실이나 화장실 구역 등은 기둥이 많이 가려져 번호 식별이 어려운 단점이 발생할 게 분명했다. 더불어 한 층의 면적이 그린팩토리보다 더 커져 약 300여 개의 좌석이 있는 데다, 조직 개편이 잦고 회의실이나 공용 공간이 자주 변경되는 환경을 고려했을 때 이를 보완하는 별도의 좌표 체계가 필요했다.

1784에서는 기둥 번호 대신 그리드(격자무늬)식 좌표 체계를 도입했다. 각 층을 바둑 판처럼 동일한 크기의 정사각형으로 나눈 다음 알파벳과 숫자를 조합해 좌푯값을 부여한 것이다. 이 체계를 사용하면 어느 지점에 있든 방향과 위치를 정확히 파악할 수 있고 원하는 장소가 어디인지 단번에 인지할 수 있다. 또 좌표 체계를 온라인에 매핑해두면 개인 좌석을 이동할 때나 공용 공간의 구조가 바뀔 때도 혼란스럽지 않고, 좌푯값 하나가 실제 4개 좌석 정도의 영역을 커버하기 때문에 주변 위치도 훨씬 쉽게 인식할 수 있다.

더불어 커넥티드 워크[1] 제도를 실시하면서 공용좌석 시스템을 마련했을 때도 이 좌표 체계 덕분에 구성원 모두 빠르게 적용할 수 있었다.

[1]

커넥티드 워크Connected Work: 재택근무 기반의 타입 RRemote-based Type과 주3회 이상 오피스 출근을 기본으로 하는 타입 OOffice-based Type, 이 두 가지 중 업무에 더 잘 몰입할 수 있는 근무 타입을 선택할 수 있는 제도

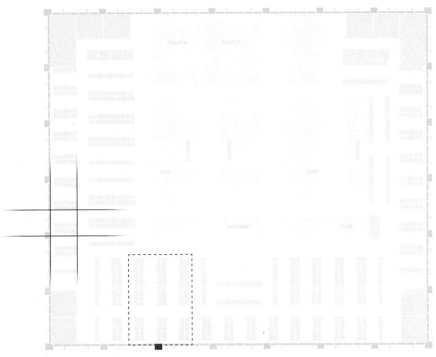

연면적이 넓어진 1784에서는 기둥을 기준으로 좌푯값을 적용해보면 하나의 기둥 좌푯값을 최대 38명이 사용하게 되는
상황이 생길 수 있어 그리드 좌표를 개발했고 하나의 좌푯값을 약 4명이 사용할 수 있도록 했다.

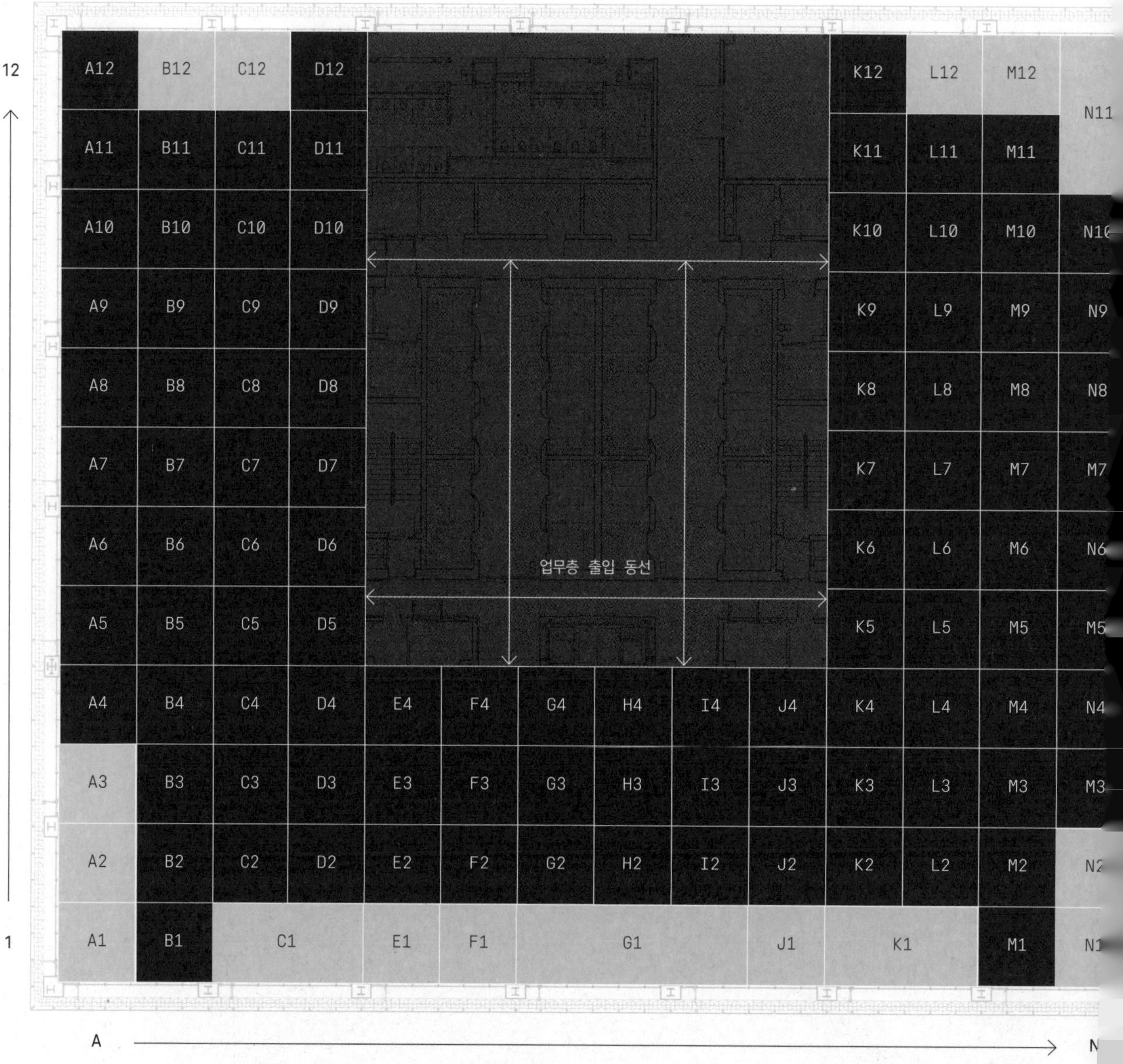
12
1
A
N
A12 B12 C12 D12 K12 L12 M12 N11
A11 B11 C11 D11 K11 L11 M11
A10 B10 C10 D10 K10 L10 M10
A9 B9 C9 D9 K9 L9 M9 N9
A8 B8 C8 D8 K8 L8 M8 N8
A7 B7 C7 D7 K7 L7 M7 M7
A6 B6 C6 D6 K6 L6 M6
A5 B5 C5 D5 K5 L5 M5
업무층 출입 동선
A4 B4 C4 D4 E4 F4 G4 H4 I4 J4 K4 L4 M4
A3 B3 C3 D3 E3 F3 G3 H3 I3 J3 K3 L3 M3
A2 B2 C2 D2 E2 F2 G2 H2 I2 J2 K2 L2 M2
A1 B1 C1 E1 F1 G1 J1 K1 M1

층별 회의실 적용 사례

회의실이 위치한 공간 좌표의 번호를
회의실 이름으로 사용하여 회의실 번호가
곧 회의실의 위치임을 알 수 있게 하였다.

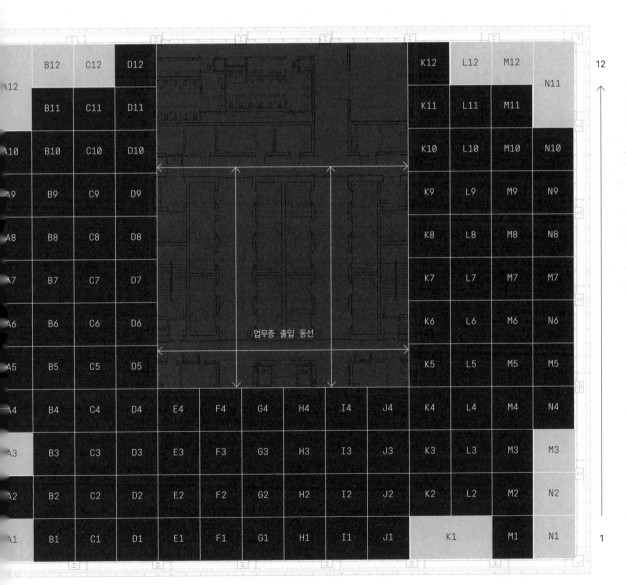

H^002

G^002

F^002

E^002

D^002

C^002

B^001   B^002

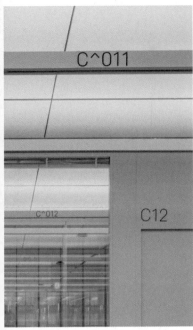

업무층 회의실

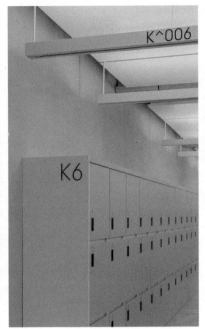

사물함

스마트 제어

겉멋 부린 이름 대신

수백 개에 달하는 상세 공간과 기능을 명명하기 위해서는 통일된 기조와 체계가 필요했다. 이를 위해 우리는 1784의 건물 콘셉트와 테스트베드로서의 역할, 심플하고 명징한 디자인 톤을 고려해 몇 가지 네이밍 규칙을 정했다.

첫째, 사용자가 따로 해석하지 않아도 될 만큼 직관적인 이름일 것
둘째, 모든 공간과 기능에 동일하게 적용할 수 있는 체계를 갖출 것
셋째, 사람들이 잘 기억하지 못하거나 바꿔 부를 가능성이 높은 '데드네임'을 지양할 것

이런 나름의 기조를 정한 이유는 1784라는 공간이 늘 변화하고 업데이트할 여지가 많은 공간이기 때문이다. 특히 외부 파트너의 방문이 많기 때문에 각 공간의 위치와 기능을 즉각적으로 알 수 있게 해야 했다. 공간을 시각적으로 풀어내는 과정에서 기둥 번호를 없애고 좌표 체계를 도입했듯이 공간 네이밍 작업에서도 명확하고 기능적인 이름들이 필요했다.

그래서 우리는 공간의 위치와 기능을 조합해 이름을 짓기로 결정했다. 즉, 5층에 위치한 카페라면 카페5라는 이름으로, 지하에 위치한 식당이라면 키친 B1이라 이름 짓는 방식이었다.

이런 체계를 따르니 모든 이름이 하나의 공식에 적용되듯 자연스레 네이밍되기 시작했다.

예를 들어 1784에는 지하 1층과 지상 28층에 각각 커다란 오디토리움 성격의 공간이 있는데 이들의 이름은 각각 베이스홀과 스카이홀로 확정되었고, 외부 파트너를 위한 공간 역시 섹션을 기준으로 파트너스 A, B, C로 구분하게 되었다. 이름을 짓는 입장에서도 명확한 기준과 목적이 있으니 이를 사용하는 사람들도 별도의 해석을 할 필요가 없어 바로 인지할 수 있게 된다.
　　　　　　　　　1784 내에서는 필요에 따라 공간이 분리되고, 만들어질 수 있으므로 공간 네이밍도 자주 해야 할 가능성이 있다. 이런 기준하에서 현재도 큰 어려움 없이 공간 확장성에 따라 네이밍을 해가고 있다.

1784

- SKY HALL
- WORK SUPPORT CENTER
- LOUNGE 5
- D2SF / KAIST–NAVER AI CENTER
- INTERVIEW RM. / HALL 1–5
- LOBBY / STARBUCKS / PARTNERS A.B.C
- ENTRANCE
- BASE HALL / KITCHEN B1

모바일테스트룸

스튜디오 3-7

함께하는 방식도 하이브리드하게

코로나라는 특수한 상황을 겪으며 새로운 기준과 문화가 생겨났듯이 네이버 안에서도 그 전과 후로 몇 가지 변화가 있었다. 네이버의 새로운 근무제도인 커넥티드 워크가 정착되며 기존에는 100% 대면으로만 진행하던 행사가 온라인 중심으로 바뀌거나 온라인과 오프라인을 병행해서 진행하는 등 형태나 규모가 전보다 훨씬 다양해졌다.

동시에 소통에 대한 수요는 더 늘어났다. 기존에도 네이버에는 다양한 내용을 공유하고 토론하는 문화가 널리 퍼져 있었지만 근래 몇 년 사이 구성원의 수도 늘고, 사업이 다각화되면서 협업이 더 많이 발생하다 보니 이른바 '함께하는' 공간과 시스템에 대한 니즈가 커졌다.

이뿐만이 아니었다. 사업과 서비스 전면에서 영상 콘텐츠가 주류로 떠오르자 영상을 제작하고 편집해야 하는 공간과 인프라도 필요했다. 즉, 한정된 공간 안에서 다양한 니즈를 수용하고 이를 다양한 형태로 활용할 수 있는 방식을 고민해야 했던 것이다.

우선 1784 3층에 홀이라고 부르는 5개의 강의장을 만들었다. 홀은 30명부터 50명, 100명 단위까지 수용 인원도 모두 다르고 강의장의 형태도 다양하게 설계했다. 일반적인 형태의 강의장부터 계단형, 오픈형 형태의 강의장으로 다양하게 구성했고, 여기에 온오프라인 동시 모임이 가능하도록 이른바 온・오프 믹스 시스템을 갖추었다. 그래서 모든 강의장마다 현장 화면과 사운드를 온라인으로 송출하고 제어할 수 있는 전용 컨트롤룸을 가지고 있다.

가장 위층인 28층에는 넓은 규모의 대형 공간인 스카이홀이 자리하고 있다. 스카이홀은 한 번에 150명까지 수용 가능한 공간으로, 임직원이 소통하는 내부 행사나 타운홀 미팅은 물론, 다양한 콘퍼런스와 세미나, 각종 교육이 진행되며 각각의 용도에 맞게 다양한 형태로 무대와 좌석을 배치해 활용할 수 있다.

강의장인 홀과 대규모 공간 스카이홀. 각각의 니즈와 규모에 맞게 온오프라인을 혼합한 다양한 프로그램을 진행 중이다.

또한 네이버 쇼핑 라이브 론칭 시기와 맞물려 10개의 전용 스튜디오를 설계했고, 쇼핑 부서부터 공간 사용이 시작되었다. 외부 방문자가 접근하기 편하도록 저층부인 3층에 스튜디오 공간을 마련했고 아트리움 주변으로는 업무와 대기 공간을 겸한 라운지, 편집실, 대기실을 배치했다. 가장 규모가 큰 라이브 커머스 스튜디오는 촬영하는 모습을 밖에서 볼 수 있게끔 큰 통창을 설치했다.

　　　　　　　　　스튜디오는 통상적으로 일반 업무 공간보다 층고가 높아야 하고 차음과 설비 조건이 까다로운 편이다. 하지만 이미 건축 공사가 상당 수준 진행돼 일반적인 스튜디오 수준에 맞는 충분한 층고를 확보하기가 어려웠다. 다만 점차 모바일 중심의 콘텐츠 수요가 늘면서 작고 가볍게 운영할 수 있는 스튜디오가 오히려 유리할 수 있다는 점에 착안해 기존 업무층과 동일한 4.45m 층고 안에서 활용 가능한 스튜디오를 만들기로 결정했다. 벽과 바닥에 차음 마감을 충분히 하고 천장 차음을 위해 최대한의 높이를 확보했다. 촬영은 물론 프로그램을 진행하는 데도 불편함이 없도록 우리에게 필요한, 네이버만의 스튜디오를 만들기 위한 노력의 결과였다.

어마어마하게 비싼 장비를 세팅하지 않아도 최적의 조합을 찾아내면 훌륭한 환경을 구축할 수 있다는 것도 다시 한번 확인할 수 있었다. 대신 그 조합을 완성하는 데는 정말 많은 공을 들였다. 강의장과 스튜디오 모두 통합컨트롤 시스템을 도입했는데 TV, 마이크, 프로젝트를 따로 켤 필요 없이 케이블 하나만 연결하면 바로 화상회의를 시작할 수 있게 했다. 디스플레이도 일반 회의실에서 사용하는 기준 대신 화상회의로 참가하는 구성원들의 시선을 고려해 비율과 사이즈, 거리, 높이 등을 책정했다. 스피커 역시 곳곳에서 선명한 음성을 들을 수 있도록 큰 스피커 대신 아주 작은 크기의 스피커를 여러 군데 나누어 배치하는 등 작은 부분에서의 세밀함 또한 놓치지 않으려 노력했다.

촬영하는 모습을 밖에서도 볼 수 있게 큰 통창을 설치했고 차음유리는 3중으로 설치했다.

나중의 나중까지

5

새로운 기능이 추가된다면? 하루 이틀이
아니고 로봇과 매일 생활해야 한다면?
1784 안에서 일어날 수 있는
갖가지 상황을 예측하고 준비하기
위해서 우린 가능한 것들의 끝까지를
고민하기 시작했다.

1%의 정교함과
1도의 정밀함

건물의 외관 형태와 컬러를 결정하는 수직루버를 단순히 디자인적 요소라고 생각하는 사람이 많지만, 수직루버의 진짜 기능은 공간에서 가장 중요한 요소 중 하나인 빛을 개개인이 원하는 방식으로 세심하게 조절할 수 있게 하는 것이다.

1도 단위로 조절되는 수직루버는 회전 각도에 따라 실내로 들어오는 빛의 양을 조절할 수 있을 뿐 아니라 완전히 닫혔을 때도 최소한의 조망이 가능하도록 아주 작은 구멍이 뚫린 타공패널로 만들었다.

그린팩토리의 수직루버 타공률은 동서향 4%, 남북향 8% 등 2개 타입으로 구분하여 적용했는데 루버에서 타공이 차지하는 비율을 낮췄음에도 특정 시간대에는 여전히 눈부심이 발생했다. 그렇다고 타공률을 무작정 낮추면 조망이 어렵기 때문에 1784에서는 좀 더 정밀하게 광량을 조절할 수 있는 방법을 고민했다. 특히 모니터 화면에 빛이 맺히는 현상을 막기 위해 책상 높이 위로 도달하는 빛의 양을 줄이고 같은 향에서도 높이에 따라 다른 타공률을 적용해 조망을 최대한 확보했다. 서향 2%(약1m 이하)/0.5%(약 1m 이상), 동향 2%(약 3m 이하) + 0.5%(약 3m 이상) 남북향 4%(약 2m 이하) + 1%(약 2m 이상)로 더 세분화한 것이다.

분실이 잦았던 리모컨 대신 각자의 모바일 기기에서 루버 개폐 각도를 조절할 수 있고 회의실 예약자가 수직루버뿐만 아니라 조명, 온도, 환기 등을 제어할 수 있게 운영하고 있다.

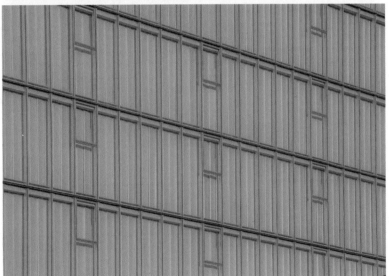

위아래 각각 루버 90도, 180도 개폐 시

1:1 목업(실물 모형) 테스트
타공률별 개폐 각도에 따른 야간경관 테스트

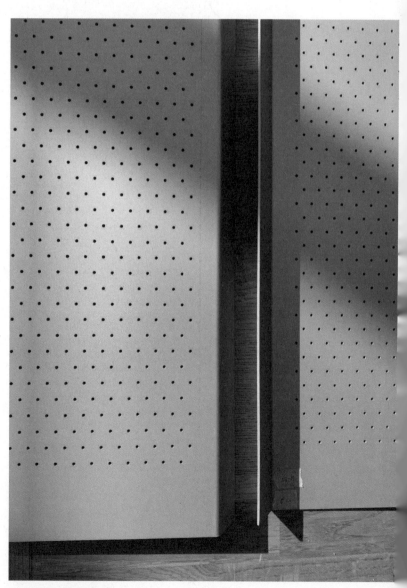

1:1 목업(실물 모형) 테스트
타공률 및 적용 높이별 샘플 제작

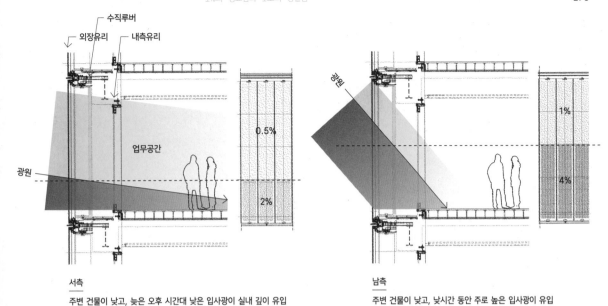

서측
주변 건물이 낮고, 늦은 오후 시간대 낮은 입사광이 실내 깊이 유입

남측
주변 건물이 낮고, 낮시간 동안 주로 높은 입사광이 유입

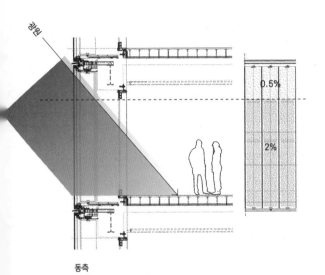

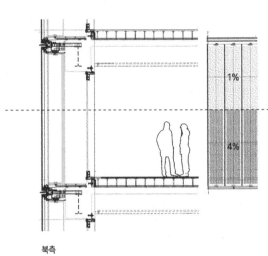

동측
주변 건물이 높아 높은 입사광만 유입

북측
그린팩토리와 동일 높이로 면하고 간접광만 유입
그린팩토리 반사광 제한
조망이 좋지 않은 점을 감안해 결정

수직루버 타공률 시뮬레이션
동서남북별 태양 고도 및 입사각을 고려해 타공률 변화 구간을 적용하고
기존 눈부심에 대한 VOC 개선 및 수직루버를 통해 가시성을 확보했다.

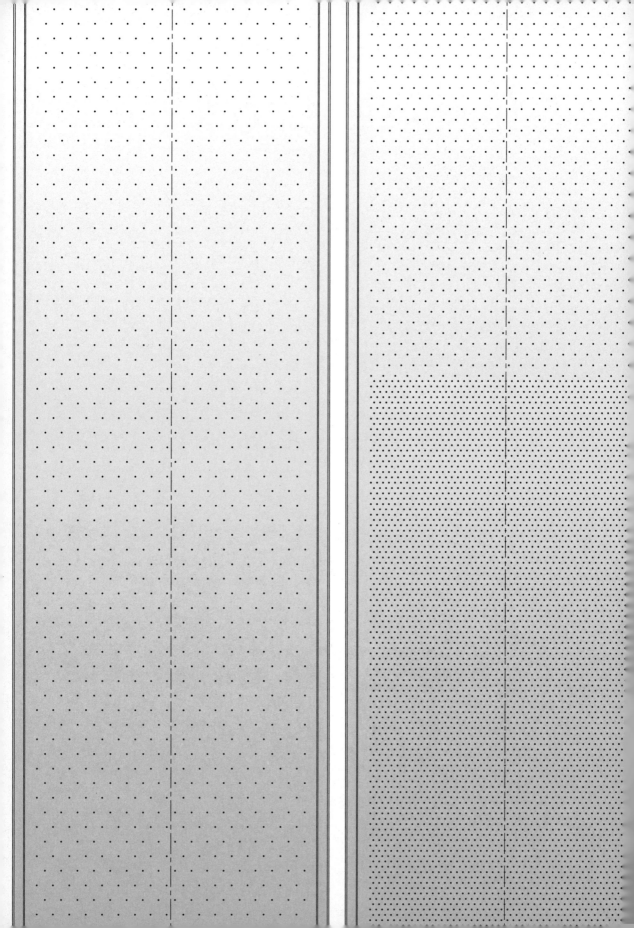

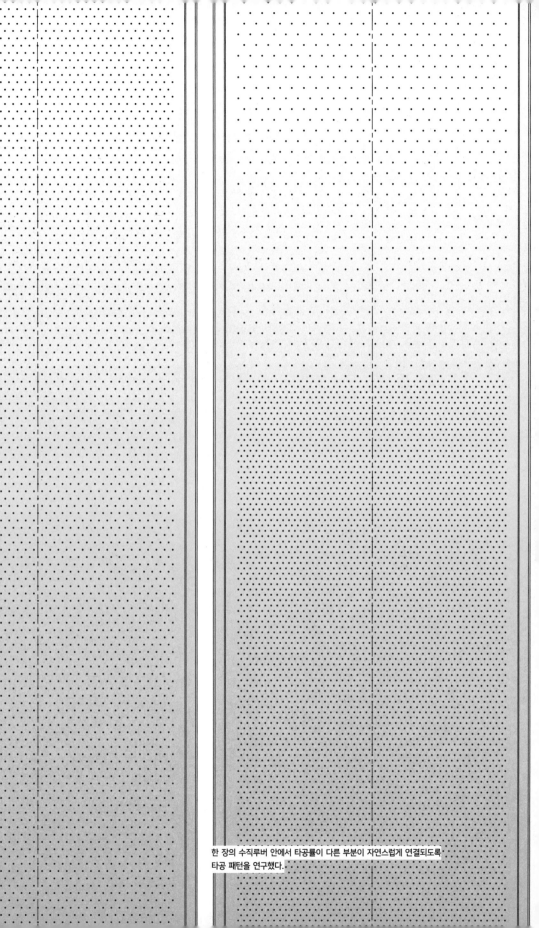

한 장의 수직루버 안에서 타공률이 다른 부분이 자연스럽게 연결되도록
타공 패턴을 연구했다.

두 겹의 건물,
여러 개의 장점

구성원들에게 더 쾌적한 실내 공간을 제공하기 위한 고민이 이어졌다. 그린팩토리도 충분히 쾌적한 공간이었지만 조금 더 나은 공간을 만들어내겠다는 목표 아래 타워 전체를 이중, 두 겹의 외피Double-skin로 구성하기로 결정했다.

일반적으로 한 겹으로 설계되는 건물에 비해 두 겹의 건물은 더 많은 건축비와 공사 기간이 드는 만큼 대형 고층건물에서는 쉽게 결정할 수 있는 사항은 아니었다.

하지만 두 겹의 건물을 만들게 되면 외부 온도 편차에 따른 영향을 내부에서 적게 받아 에너지 효율이 좋아지는 이점이 있다.

장점은 또 있다. 그린팩토리에서는 수직루버가 실내에 위치하다 보니 아무래도 햇빛의 영향을 더 많이 받아 실내 온도를 상승시키는 결과를 가져왔다. 때문에 창가 쪽에 위치한 좌석은 다소 덥게 느껴질 수 있었는데 1784는 이런 부분들을 이중 외피 사이에 수직루버를 두는 방식으로 개선해 더 쾌적함을 유지할 수 있게 되었다.

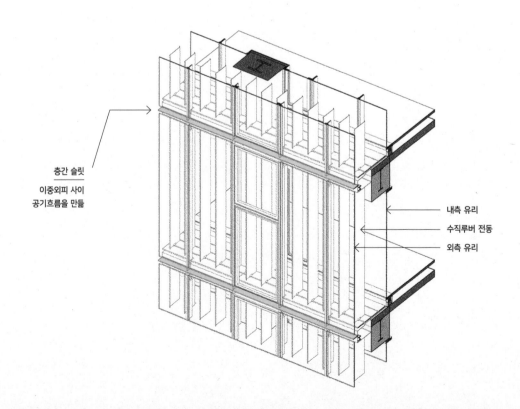

층간 슬릿
이중외피 사이
공기흐름을 만듦

내측 유리
수직루버 전동
외측 유리

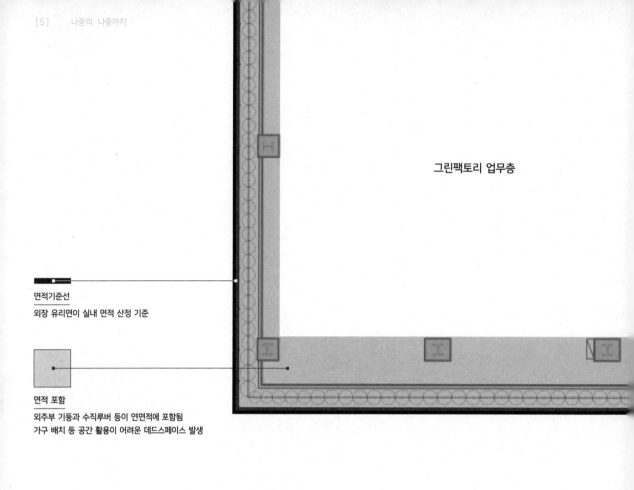

그린팩토리 업무층

면적기준선
외장 유리면이 실내 면적 산정 기준

면적 포함
외주부 기둥과 수직루버 등이 연면적에 포함됨
가구 배치 등 공간 활용이 어려운 데드스페이스 발생

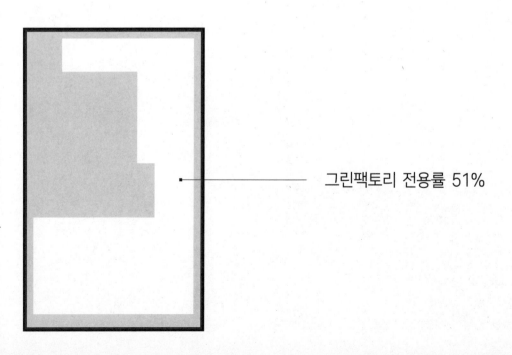

그린팩토리 전용률 51%

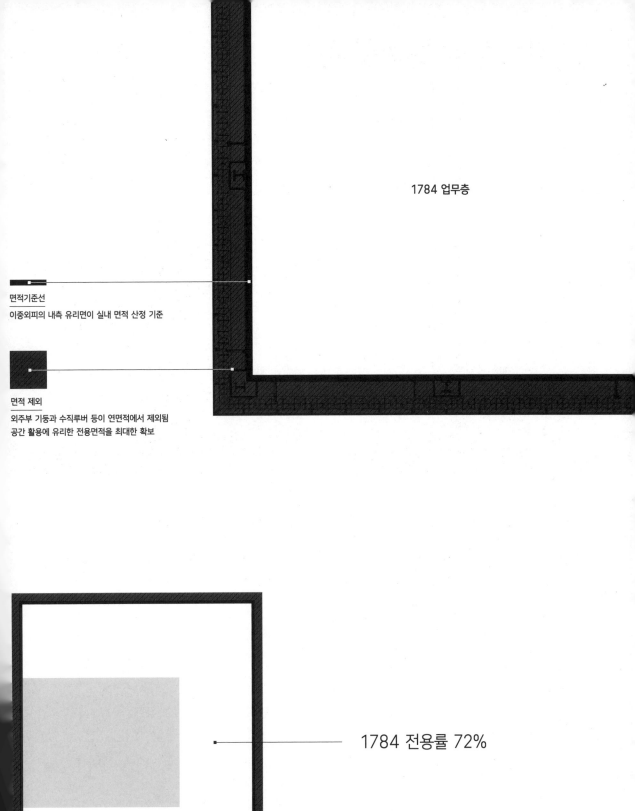

1784 업무층

면적기준선
이중외피의 내측 유리면이 실내 면적 산정 기준

면적 제외
외주부 기둥과 수직루버 등이 연면적에서 제외됨
공간 활용에 유리한 전용면적을 최대한 확보

1784 전용률 72%

PMU Performance Mock-up Test

풍속, 우천 등 다양한 환경에서 커튼월 기밀성, 전동수직루버 작동 등을 테스트

수직루버가 실내에 있었던 그린팩토리와 달리 1784에서는 외부에 설치되면서
구동 환경이 더 까다로워졌으며 그에 따라 더 복잡한 환경에서 1:1 실물 목업
테스트를 진행했다.

더 시원하고, 더 안전하고,
더 효율적이게

바닥에서부터 차가운 공기가 유입되는 바닥공조 시스템은 그린팩토리 때부터 적용한 냉방 시스템이다. 찬 공기는 비교적 무겁기 때문에 바닥에 오래 머물 수 있어 층고가 높은 공간에서도 높은 냉방 효율을 유지할 수 있다.

다만 바람이 나오는 구멍이 바닥에 있다 보니 일부 직원들은 풍량이 강해지면 추위를 느끼기도 했고 스커트를 입은 직원들은 불편할 수도 있었다. 실제로 그린팩토리에서는 바람 구멍을 책이나 판자로 덮어놓은 모습도 종종 발견되었다.
            이런 단점들을 보완하고자 1784에는 새로운 냉방 시스템을 적용했다. 기존의 바닥공조 시스템에 더해 천장에 위치한 구리관에 차가운 물을 흘려보내 실내 온도를 낮추는 '복사냉방 시스템'을 추가한 것이다. 즉, 바닥공조와 복사패널이 위 아래에서 동시에 열기를 식히다 보니 에너지 효율도 높아지고 전체 공간의 온도 역시 균일하게 유지할 수 있었다.

방역 측면에서도 큰 장점이 있다. 일반 에어컨은 공기가 순환하는 구조지만 복사냉방은 열을 흡수하는 방식이라 공기로 인한 감염 위험을 약 50%까지 줄일 수 있다.

1784 내 본격적인 설치에 앞서 혹시 모를 누수나 결로 등에 대비하기 위해 그린팩토리와 춘천 커넥트원(네이버 연수원)에서 작은 규모로 장기간 테스트를 진행하기도 했다. 이런 과정을 통해 1784 내 일부 공간을 제외하고는 거의 전 층에 복사패널을 설치했다.

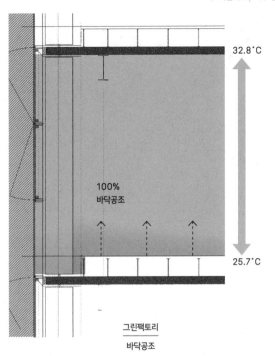

32.8˚C

100%
바닥공조

25.7˚C

그린팩토리
바닥공조

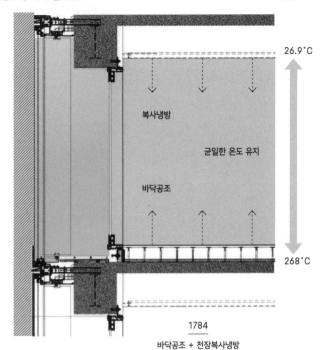

26.9˚C

복사냉방

균일한 온도 유지

바닥공조

268˚C

1784
바닥공조 + 천장복사냉방

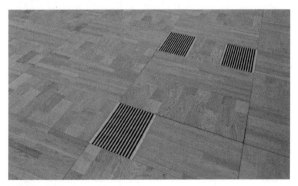

천장복사냉방 시스템

전도율이 높은 금속 천장재 상부에 부착된 코일을 통해 적정 수온의 물이 흐르며 천장부
복사열을 흡수하는 친환경 공조 시스템이다.

바닥공조 시스템

바닥마감재 하부에서 차가워진 공기를 공급하는 방식. 냉방 시는 차가운 공기가 아래쪽에
머물고, 난방 시에는 따뜻한 공기가 아래를 먼저 데운 후 위로 상승하여 실내온도를
효율적으로 조절한다.

달리 Dali 조명트랙
각 조명에 개별 IP를 부여해 제어가 가능한 트랙

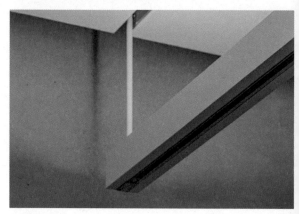

간접조명 광원

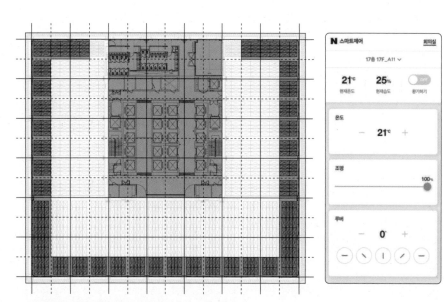

추후 개인별, 조직별로 제어할 수 있도록 온·오프 인프라를 미리 반영

모니터를 하루 종일 봐야 하는 구성원이 많기 때문에 눈이 편안한 빛 환경을 만드는 것도 중요한 일이었다. 1784 내 모든 조명을 LED로 택한 것은 기본이고 그린팩토리와 마찬가지로 광원에 사람의 눈이 직접 노출되지 않게 업무 공간의 주조명은 간접조명 형태를 구상했다. 이때 복사패널 천장면을 확산판으로 삼고 공간에 고르게 빛이 퍼지는 적정한 거리를 찾기 위한 시뮬레이션과 테스트가 이어졌다.

주조명의 상단에는 간접조명을 매립하고, 하단에는 원하는 위치에 개별조명을 추가할 수 있도록 트랙을 적용했다. 혹시 더 환한 빛을 원하는 구성원을 위해 조명을 더할 수 있는 옵션을 둔 것이다. 이렇게 추가된 조명에는 IP주소별로 온·오프를 제어할 수 있는 인프라를 마련해 필요한 구역에 세팅했다. 이로써 조직 단위, 개별 단위로 제어가 가능한 조명 시스템이 완성되었다.

자연광에 가장 가까운 빛을 구현하기 위해
다양한 성능 지표를 꼼꼼히 들여다보았다.
측정값 4800K의 색온도부터 높은 연색성
(색상 왜곡 없이 인식할 수 있는 성능 지표),
눈부심 지표, 공간조도(3D측정)지표 등을 활용해
광원의 성능을 평가한 결과물이다.

제조사별 광원 테스트

커피 한 잔을 위해 이렇게까지

카페 공간을 기획하면서 직원들의 의견을 수렴해보니 주문 후 대기하는 시간을 줄일 수 있으면 좋겠다거나, 미리 주문할 수 있으면 좋겠다는 이야기가 많았다. 그래서 키친 B1에서 음료 픽업 시 대기시간을 줄이는 방법을 고민했다. 특히 B1에 자리하게 될 주스바는 위치와 특성상 더욱 효율적인 운영이 필요했다.

우선 네이버주문을 통해 주문 시의 인력 낭비와 혼잡도를 줄이기로 했다. 지하 공간에 적합한 비대면 픽업 공간은 어떤 형태여야 할지에 대해 논의를 이어갔고 픽업대 사이즈를 키우기로 결정했다. 다만 픽업대의 크기가 커지면 주스바 직원의 이동거리도 늘어나고 픽업 혼잡도 개선에도 한계가 있었다. 더 효과적인 하드웨어 시스템이 필요한 상황이었다.

그 과정에서 완전히 새로운 컨베이어 벨트식 무빙 픽업대를 만들어보기로 결정했다. 컨베이어 벨트 형태로 픽업대가 확장되면 주스바 직원이 이동하지 않고 한곳에서 음료를 계속 실을 수 있었다. 타원형이어서 픽업대 면적이 늘어나게 되고, 주문한 사람 또한 대기중인 다른 사람들의 위치를 감안해 음료를 픽업할 수 있었다. 천장의 사이니지를 활용하면 멀리서도 주문번호 확인이 가능하므로 픽업대로 접근하는 빈도와 거리를 줄이는 데도 효과적일 것이라 생각했다.

> "주문번호와 픽업 트레이를 1:1로 매칭해 더 직관적인 안내가 가능하도록 했어요. 주문번호가 잘 보여야 자신의 메뉴를 빠르게 찾을 수 있고, 공간의 트래픽이 줄어드니까요. 이런 시인성 테스트를 여러 차례 진행했어요. 우리가 보는 건 모바일 앱이나 미디어의 송출 번호지만 네이버주문과 사원 정보, 네이버페이, LED 송출 등 다양한 기술적 연결이 필요했어요."

무빙 픽업대의 구조와 작동 방식은 회전초밥집의 레일이나 공항의 수화물 컨베이어 벨트와 동일하다. 실제 컨베이어 벨트는 마감재 아래에 숨어 있다. 그럼 스스로 움직이는 것처럼 보이는 트레이는 어떻게 움직일까? 간단하다. 트레이와 컨베이어 벨트에 부착된 자석의 힘으로 함께 이동한다.

우리는 음료를 실을 만큼 진동이 적고 안정적인 운영을 위해서 수차례의 테스트를 거쳤다. 디자이너와 개발자, 운영사 담당자, 제작자가 수차례 공장을 오가며 함께 테스트했다. 컨베이어 벨트의 속도에 맞춰 LED 스크린의 주문번호가 같은 속도로 움직이는 프로그램은 직접 개발했다. 사실 운영 업체 입장에서는 컵에 액체가 담겨 있기 때문에 트레이가 움직이면 음료가 쏟아지거나 컵이 쓰러지는 등 운영 시 다양한 이슈가 발생할 수 있다고 우려했다. 하지만 우려와 달리 여러 오류 수정을 거치며 대기 시간은 눈에 띄게 줄었고, 픽업대 앞에서 음료를 기다리는 시간 역시 큰 폭으로 줄었다.

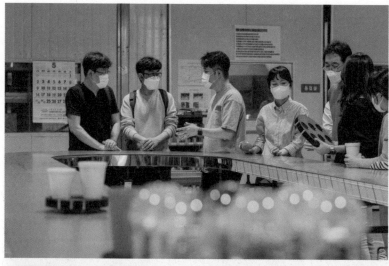

무빙 픽업대 현장 목업 테스트

개발 테스트 화면 & 센서 테스트

컨베이어 벨트의 속도에 맞춰 LED 스크린의 주문번호가
같은 속도로 움직이는 프로그램은
TF에서 직접 개발했다.

주문번호와 음료가 1:1로 매칭되며 무빙 픽업대에서 음료가 이동하면 상부 LED의 주문번호도 같이 움직인다.

간단해 보이는 것
하나에도

1784의 서비스 로봇은 기본적으로 A에서 B까지 이동하는 능력으로 다양한 서비스를 제공한다. 역할 자체는 단순하지만 하루에도 수없이 마주칠 로봇을 낯설고 불편하게 여기지 않게 하는 것은 또 다른 문제였다. A에서 B까지 이동하는 동안 마주치는 사람들에게 어떻게 행동해야 하는지, 동선은 어떻게 나누어야 할지, 비상상황에서는 어떻게 대처해야 할지, 좁은 곳에서는 얼마나 천천히 이동해야 할지, 이럴 때 로봇의 의도는 어떻게 전달해야 할지 등 정말 많은 고민과 테스트를 거쳐 결정해야 했다. 우리가 참고할 수 있는 외부의 사례는 없었다. 그러니 로봇과 공존하는 건물에서 로봇이 어떻게 행동하는게 가장 최선일지 스스로 연구하고 학습해갔다.

고민의 시작은 로봇의 외형이었다. 다양한 서비스를 위해서는 큰 로봇이 유리하지만, 로봇과 함께 생활하는 사람들이 위화감을 느끼지 않도록 하는 게 무엇보다 중요했다. 우리는 앉아 있는 사람의 시선보다 낮으면서도 위협적이지 않은 높이를 설정했고, 너비는 일반적인 문보다 좁게 했다. 그리고 허리를 굽히거나 팔을 뻗지 않아도 물건을 쉽게 담고 꺼낼 수 있는 적재함의 높이를 찾았다. 로봇이 복잡한 실내를 안정적으로 주행하게 하려면 각종 센서를 배치해야 하는데, 이 역시 과하게 느껴지지 않도록 최대한 간결하고 단순한 형태로 정리했다.

사람과의 인터랙션을 위한 로봇의 요소에도 고민이 많았다. 사운드, 조명, 디스플레이를 종합적으로 활용할 수 있는 설계가 필요했다. 로봇 전면에는 메인 디스플레이와 카메라 및 각종 센서, 적재함, 상태 표시 LED 같은 다양한 인터랙션 요소를 배치하되 하나의 영역 안으로 묶어 시각적으로 정돈된 느낌이 들도록 했다. 후면에는 필요할 때만 켜지는 히든 디스플레이, 은은한 하단 라이트, 사운드로 루키의 행동 정보를 다양한 방식으로 사람에게 전달할 수 있도록 했다. 로봇의 얼굴에 해당하는 게이즈 Gaze를 디자인할 때는 사람의 얼굴을 지나치게 모사한 것처럼 보이지 않게 했다. 과도하게 의인화한 로봇은 사람에게 친근감과 안정감보다는 불쾌감을 줄 수 있기 때문이다. 신체를 본뜬 요소보다는 기계적이면서도 단순화된 게이즈 형태를 새로 고안했다. 사람이 로봇의 시선 이동이나 이동 방향을 명확하게 인지할 수 있도록 게이즈는 볼록한 3D 형태로 구현하고 움직임도 부드럽게 바꿨다. 기쁨이나 슬픔에 대한 감정도 적절한 수준으로 표현 가능하다. 한편 서비스를 이용할 때는 직접적인 정보 전달이 가능하도록 텍스트를 함께 제공한다.

로봇의 행동원칙을 설계할 때 집중한 것은 '매너'다. 주변 사람을 배려하는 방식으로 행동하도록 한 것이다. 사람에게 불쾌감을 주지 않는 적정한 거리와 속도를 탐색하는 다수의 사용자 테스트도 거쳤다. 좁은 복도 한가운데를 차지하며 이동하는 로봇이 아니라 우측 통행으로 마주 오는 사람에게 길을 터주는 방식이다. 뿐만 아니라 빌딩 곳곳에 있는 게이트를 통과하고 엘리베이터를 탑승하는 과정에도 사람을 배려하는 원칙하에 행동한다. 이처럼 1784 속 로봇의 모든 요소는 고민과 연구 끝에 설정된 값으로 이루어져 있다.

우리는 1784 로봇에 적용하고 검증한 다양한 디자인 원칙을 '내추럴 휴먼-로봇 인터랙션 가이드라인'이라고 명명했다. 1784를 준비하며 사람과 로봇, 서비스와 공간의 조화에 대한 검증된 지식을 차곡차곡 쌓아 정리한 자료다. 다양한 분야의 전문가들과 협업 끝에 나온 기준이자, 앞으로의 협업을 위한 가이드라인이다. 여기엔 휴먼 프렌들리 로봇 Human friendly robot 으로서의 외형 디자인, 사회적 규범을 지키는 주행 원칙, 로봇의 행동 디자인 방법, 1784 로봇 서비스 시나리오와 매뉴얼 등이 포함되어 있다.

우리는 앞서 검증한 경험들이 성과 측면뿐 아니라 다양한 분야의 전문가들과 공유할 수 있는 하나의 기준이 되기를 바랐다.

서비스 앱 / 웹 UI / UX 디자인	폼 팩터 Form Factor & 외관 디자인	UI / 비주얼 디자인	게이즈 Gaze 디자인	공간 디자인
ARC 브레인 UI / UX 디자인	인터랙션 디자인	로봇 행동 디자인	로봇 주행 원칙	로봇용 경로 지도
서비스 어드민 UI / UX 디자인	PUI 디자인	사운드 디자인		

네이버 로봇 디자인 영역

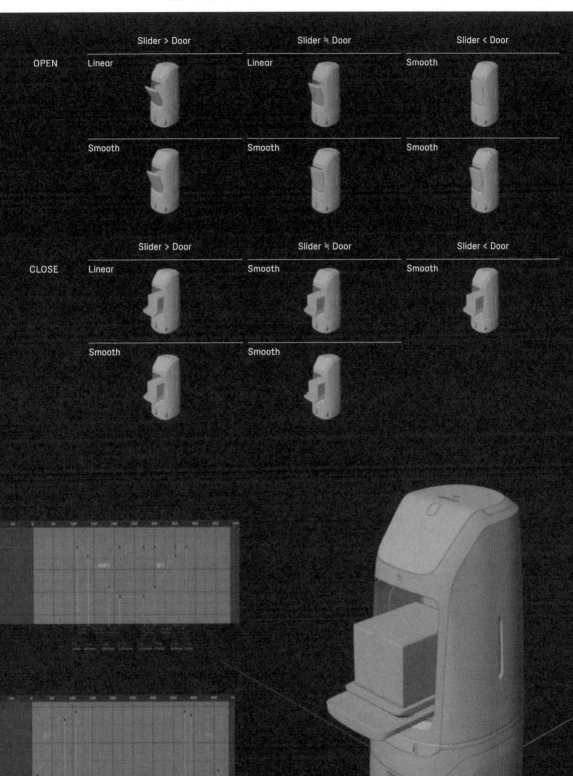

OPEN

Slider > Door	Slider ≒ Door	Slider < Door
Linear	Linear	Smooth
Smooth	Smooth	Smooth

CLOSE

Slider > Door	Slider ≒ Door	Slider < Door
Linear	Smooth	Smooth
Smooth	Smooth	

INAL

oor

lider

서비스 로봇의 도어 동작 속도 시뮬레이션

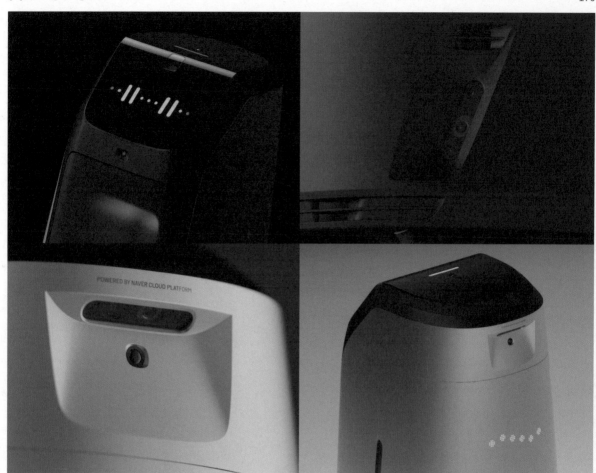

1784 서비스 로봇 '루키'의 외형 디자인

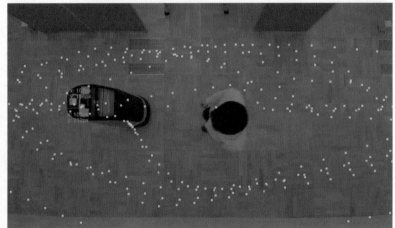

사람친화적 로봇 주행 테스트

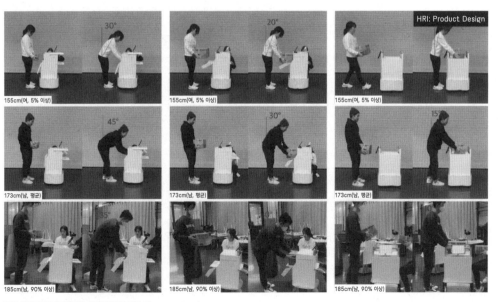

로봇 폼팩터 및 인체공학 디자인 목업 테스트

굉음을 없애려면

로봇 전용 엘리베이터인 로보포트를 처음 테스트하기 위해 협업 기업 현대무벡스의 청라 R&D 센터로 이동했다.

로보포트가 처음 운행했을 때 우리는 엄청난 굉음에 당황했다. 심지어 설계한 속도의 절반으로 운행한 결과였다. 이를 본 누군가는 이미 지하 2층까지 뚫어놓은 로보포트 자리를 다시 메워야 하는 거 아니냐고 우스갯소리를 했다. 로보포트의 작동 소음을 줄이는 것은 이전부터 이슈였지만 소음 테스트 후 우리는 문제를 더 심각하게 받아들였다. 로보포트는 로봇을 위한 인프라지만, 사람들이 업무를 보는 공간에 존재한다. 따라서 소음과 진동을 반드시 줄여야 했다. 로보포트가 움직일 때마다 모터 구동하는 소리가 구성원들의 업무를 방해한다면 오피스의 기본적 기능에 큰 결함이 생기니까.

로보포트의 위치를 다른 곳으로 바꿀 수도 없는 상황이었다. 도입을 결정한 당시에도 기존 계획을 최대한 유지하면서 지하 1층부터 옥상층까지 관통할 수 있는 거의 유일한 위치였기 때문이다. 게다가 전실을 중심으로 캐리어가 움직이도록 만든 형태는 효율적 이동을 위한 최적의 방식이라 이를 변경하는 것도 불가했다.

결국 기존의 것들을 유지하면서 끝없이 디테일을 수정해야 하는 상황과 마주한 것이다.

우리는 캐리어가 주행하는 상황과 하행 통로의 유리벽을 이중 구조로 설계해 반영했다. 이는 캐리어 이동 시 소음을 45데시벨 이하로, 진동을 1784 내 기준치의 절반 이하로 줄이는 효과가 있었다. 진동 댐퍼와 흡음재도 추가했다. 구동에 필요한 기어도 소음이 적은 모델로 교체하고, 소음을 최소화하면서도 효율적인 운영이 가능한 주행 속도(90m/min)를 찾았다. 마침내 인접한 업무 공간에서도 크게 신경 쓰이지 않는 수준으로 소음을 낮출 수 있었다.

로보포트는 유리벽과 유리문 덕분에 로봇 탑승 시 안정성을 높일 수 있었고, 1784의 디자인과 결을 같이하는 느낌까지 더해 완성되었다. 게다가 구성원들이 로봇의 수직 이동을 직접 관찰할 수 있게 됐다.

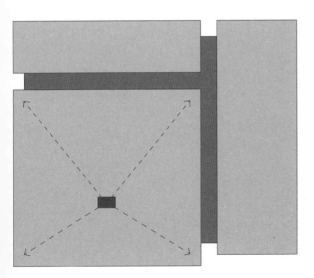

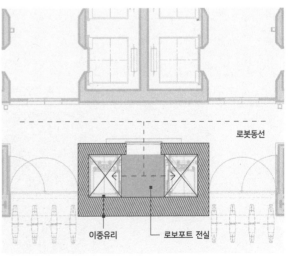

이중유리 구성으로 구동 소음은 막고(45db 기준) 로봇의 움직임은 보이게
자동문 개폐는 안전하게 한 번에 하나씩!

진짜 '친환경'을 하려면

2019년 한 해 동안 그린팩토리에서 배출한 쓰레기양은 얼마일까? 연간 307톤. 주변 아파트 3,600세대를 기준으로 한 해 동안 버려지는 플라스틱양과 비슷한 수준이었다.

친환경을 위해 내부적으로 여러 실천을 하고 있었지만, 쓰레기양만큼은 적극적으로 개선하지 못하고 있었던 것이다. 이제 개개인의 실천을 넘어 조직과 시스템 차원에서 방법을 적극적으로 찾아야 할 단계였다. 네이버 구성원의 오피스 생활에서 발생하는 데이터를 면밀히 들여다보기 시작했다. 그해에 배출된 품목을 분류해보니 일회용 커피컵과 자판기에서 판매되는 캔 등 음료 관련한 일회용품이 전체 배출량의 50%를 차지했다. 무리하게 시작하기보다는 할 수 있는 선에서 일회용품을 줄여나가는 것에 주안점을 두고 기획을 시작했다.

친환경을 하려면, 불필요한 일회용품을 줄이는 것이 가장 중요

최대한
쓰레기 배출을 줄이는

다회용기 사용

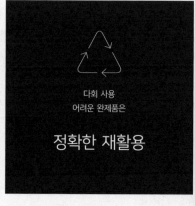

다회 사용
어려운 완제품은

정확한 재활용

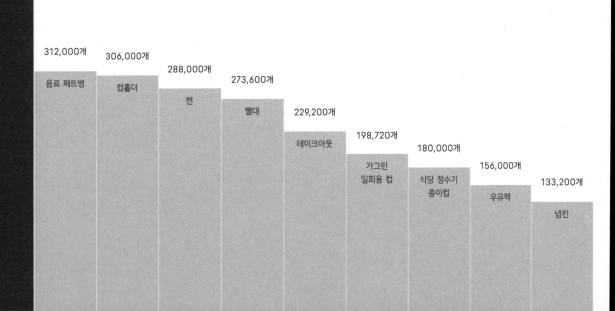

999,000개

일회용
커피컵

2019년도 전체 사내 일회용 폐기물 Top 10

312,000개

306,000개

음료 페트병

컵홀더

288,000개

캔

273,600개

빨대

229,200개

테이크아웃

198,720개

가그린
일회용 컵

180,000개

식당 정수기
종이컵

156,000개

우유팩

133,200개

냅킨

곧 '자연'스러워질 거야
(with 트래쉬 버스터즈)

이 중에서도 압도적으로 많은 품목은 사내 카페에서 사용하는 일회용 컵이었다. 여러 스터디 결과 국내 재활용 시스템상 카페 일회용 컵 중 투명 플라스틱은 3가지 소재(PET, PP, PS)로 제작되고 있었다. 다만 육안으로는 쉽게 구분이 안되어 정확한 분리배출이 어려운 상황이었고, 일회용 종이컵은 방수 코팅이 내부에 기본으로 되어 있어 코팅을 제거하지 않고는 제대로 재활용하기 어려웠다.

인체와 자연에 무해하고 합리적인 가격을 갖춘 최적의 일회용품을 찾기란 쉽지 않았다. 다양한 시나리오를 검토한 끝에 다회용 용기를 대여하는 친환경 스타트업 '트래쉬 버스터즈'와 협업하기로 결정했다. 그러나 '오늘부터 다회용 컵 도입'이라고 해서 끝날 문제가 아니었다. 바쁜 오피스 생활에서 자연스럽게, 또 쉽고 간편하게 사용할 수 있게끔 직원들의 행동에 기반해 플로우를 설계하는 일이 필요했다. '친환경은 본래 불편함을 감수하는 것'이라는 말이 나오지 않도록 '사용-반납-회수-세척' 인프라를 구축해 친환경을 실천할 수 있도록 하는 데 고민의 초점을 맞췄다.

먼저 1784 내 모든 카페에서 다회용 컵에 담은 음료를 제공하기로 했다. 음료를 마신 후 다회용기의 반납 동선을 최소화하기 위해 각 층마다 캔틴을 설치하고 직원들의 동선이 잦은 곳에 2~3대의 컵 회수대를 마련했다. 간단히 헹구어 회수대에 반납하면 이를 트래쉬 버스터즈가 저녁마다 수거해 매끈하게 세정과 살균 소독을 마친 후 다시 카페로 보낸다.

다회용 컵을 도입하면서도 구성원의 위생 등에 있어서의 우려가 있어서 정기적으로 전문 기관에서 다회용 컵의 안정성을 검증할 수 있는 테스트를 실시하기로 결정했다. PP 식품용기(높은 온도에서도 잘 견디고 환경호르몬이 검출되지 않는 폴리프로필렌 용기)로서의 안정성, BPA FREE(BPA: 비스페놀 A라는 환경호르몬이 함유되어 있지 않음을 증명받음) 검사 등이 그것이다. 다회용 컵의 회수와 세척 과정을 게시물로 제작해 전 직원에게 공유한 것도 친환경을 일상 속의 자연스러운 흐름으로 받아들이게 하려는 노력의 일환이었다.

그 결과, 다회용 컵 도입 이후 2년 가까운 시간 동안 종이컵 약 130만 개를 아낄 수 있었다.

지급
@ 카페

반납
@ 각 층 회수대

다회용 컵

수거 / 세척
@ 전문업체

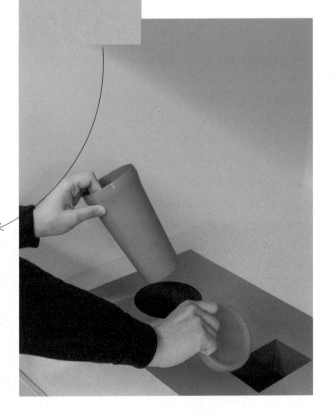

더 '제대로' 버리고 싶어서
(with 수퍼빈)

재활용에 동참하려고 플라스틱은 플라스틱함에, 비닐은 비닐함에 넣지만 사실은 대부분 제대로 재활용되지 못한다. 다른 물질로 태어나는, 진정한 의미의 '재활용'을 위해서는 까다로운 조건들이 뒤따르기 때문이다.

"플라스틱만 해도 다 같은 플라스틱이 아니고 페트 PET, PP 등 종류가 수십 가지였어요. 각각이 섞이면 재활용품으로 사용하지 못하고, 또 오염된 상태에서는 재활용이 안 되었고요. 하지만 우리 눈에는 모두 똑같은 플라스틱이잖아요. 사람이 분류할 수 있는 일이 아니었죠. 때마침 친환경 스타트업인 수퍼빈을 만났어요. 로봇이 정확하게 분류하고 재활용 가능하게끔 세척과 압축 작업을 하는 기계를 만든 곳이었죠. 이 기계를 도입하고 자판기에서 판매하는 음료 중 캔과 음료 페트병, 우유팩 3가지 소재를 모두 분류 가능하게 하고요. 더 욕심을 내서 사내 편의점에서 유통되는 380여 개의 제품도 인식하도록 학습 시켰어요."

1784에 도입한 수퍼빈의 AI 리사이클링 기계는 캔, 페트병, 우유팩을 소재별로 분류해 간단하게 세척하고 압축해 재활용하기 좋게 만들어준다. 시범 운영 기간을 포함해 약 10개월간 8만 개를 모아 재활용업체로 전달하는 등 성공적으로 데뷔했다. 우리는 AI 리사이클링 기계의 외관 색상 및 화면 디자인(UX, UI)을 1784 건축물의 톤앤매너에 맞춰 회색으로 바꾸고 빌트인으로 디자인해 각 층의 음료 자판기 옆에 나란히 두었다.

AI 리사이클링 기계가 사내 편의점에서 유통되는 380여 개의 제품을 소재별로 분류하고 있다.(페트병 / 캔 / 우유팩류 한정)

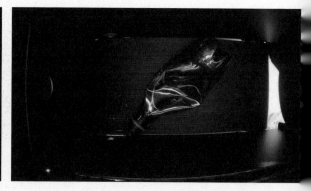

1784 2층에 놓여 있는 AI 리사이클링 기계

오피스 층별 캔틴

AI 리사이클링이 가능한 제품 존이 있는 사내 편의점
(380 여 종의 음료 모두 비전 인식 사전 등록 완료, 100% 재활용 가능)

사내에서 회수한 캔, 페트병, 우유팩은?

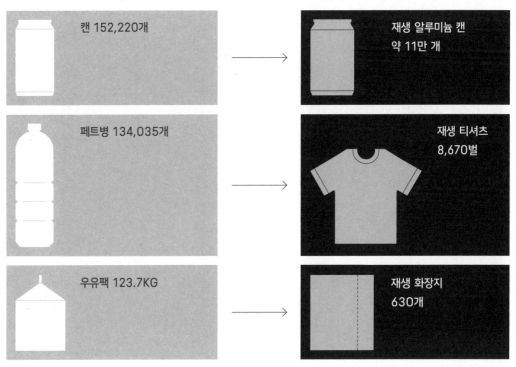

하던 대로 말고

6

때로는 우리에게 익숙한, 우리가 잘하던
방식을 버리고 가장 효율적이고 적절한
방식을 찾기 위해 고군분투해야 했다.
이 과감한 결정의 순간들 속에서
우리는 함께 배우고 서로 가르쳐주며
성장하기 시작했다.

키친이라는 말 대신

식당을 계획할 때 오래전부터 해결하고 싶었던 숙제가 있었다. 운영 시간 외에는 텅텅 비어 있는 식당의 좌석을 활용할 수 있는 방법은 없을까? 라운지5가 들어설 곳은 1784 5층 공간으로 햇빛이 충분히 들어오는 이점을 갖고 있었다. 이런 포인트를 살려 식당 역할을 하면서도 폭넓고 의미 있는 사용성을 끌어내고 싶었다. 오피스가 있는 업무 공간과는 다른 활기찬 분위기를 연출해 가벼운 회의를 진행하거나 보다 자유로운 분위기에서 개인 업무를 볼 수 있는 하이브리드 공간으로 기획하고자 한 것이다. 이를 위해 식사뿐만 아니라 업무를 볼 때 기기를 충분히 올려놓기 좋은 테이블 크기를 적용하고 충전 콘센트도 마련했다. 도서관에 놓을 법한 가구부터 소규모 회의실을 연상시키는 아늑한 가구, 야외 테라스를 위한 가구 등 다양한 형태의 가구를 두어서 상황에 따라 좌석을 선택할 수 있게 했다.

그러나 가구만으로 의도한 공간을 완성할 수는 없었다. 식사시간 전후에도 주방 업무가 이어지기 때문에 소음과 냄새가 홀 쪽으로 넘어와 업무를 방해할 가능성이 높았다. 그래서 주방 전면에 슬라이딩 도어를 설치해 점심시간 전후를 제외하고는 도어를 내려 홀과 주방을 차단했다. 주방 냄새와 소음을 물리적으로 차단할 뿐만 아니라 운영시간 외 업무 공간으로 활용할 때는 주방의 존재를 완전히 감추어 온전히 워킹라운지 형태로 전환할 수 있도록 한 것이다.

혼자 식사하는 것을 점점 더 선호하는 직원에게도, 잠시 개인 좌석을 벗어나 다른 분위기에서 업무에 몰입하고자 하는 직원에게도 라운지5는 좋은 선택지가 되어주는 공간이다. 특히 라운지5는 근무 시간과 장소, 방식을 개인이 선택하는 커넥티드 워크 제도와 맞물려 더 좋은 시너지를 발생시키고 있다. 각자의 자율성과 책임에 방점을 두는 근무 방식이 공간의 설계에도 영향을 주었고, 이렇게 탄생한 공간이 다시 우리의 일하는 방식에 영향을 주는 선순환이 일어나고 있다.

카페5 공간 전경

라운지5 공간 전경

라운지5 공간 전경

네이버주문

비대면 픽업

사내 네이버주문 앱으로
사전 주문 후,
키친 상단 스크린으로
번호 확인하여
비대면 픽업

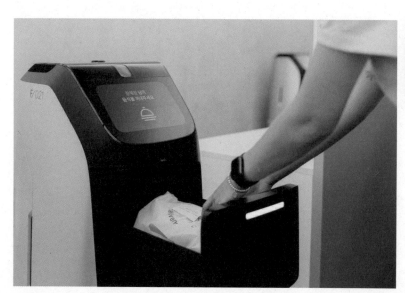

**로봇 도시락
배달 8,668건**

23년 1월 ~ 12월
데이터 기준

운영 시간 내

운영 시간 외 키친 셧다운

2019.10   2020.12.9   2020.12.18   2021.2.9

1차 테스트
히든스크린 샘플 확인

3차 테스트
LED 사양 비교—실내용 vs 실외용

2차 테스트
금속타공 사이즈 조정

2021.3.30   2021.7.29   2021.11.11   2021.12.3

5차 테스트
1784 라운지5 현장 설치

세팅 완료

4차 테스트
금속타공/LED 모듈 조정

6차 테스트
송출 텍스트, 글꼴, 크기, 정보량 확인

2층이 로비가 될 때

기술이 생활 속에 안착하려면 반드시 테스트 과정을 거쳐야 한다. 앞에서도 여러 번 등장한 테스트베드라는 용어 역시 많은 테스트를 필연적으로 진행해야 하는 우리 업의 본질을 이해하는 과정에서 발견한 단어였다. 하지만 테스트베드라는 단어만 내세운 채 공간 자체는 일반 오피스와 다를 바 없거나, 오픈 초반 일회성 콘셉트로 잠깐 사용한 채 시간이 지날수록 유명무실해진다면 그 방향성은 실패한 기획이 될 게 분명했다.

그래서 우리는 스스로에게 끊임없이 질문을 던졌다.

'네이버의 기술을 공간 속에 녹여내기 위해서는 어떤 가치를 우선 시해야 하는가?'

이에 대한 답을 찾기 위해 우리는 공간 안에 어떤 경험을 담을지 상세한 시나리오를 구성하는 일부터 시작했다. 여러 차례 스터디와 회의를 진행하며 가장 먼저 길을 찾은 곳은 저층부였다. 고층에 배치할 업무 공간은 용도가 정해져 있지만, 저층부는 그에 비해 비교적 자유로운 접근이 가능했기 때문이다.

대부분의 사옥에서는 1층을 로비로 사용하지만 우리는 2층을 로비 기능을 하는 장소로 설정했다. 대신 1층은 최소한의 리셉션 기능만 남긴 채 완전히 비워두었다. 2층을 로비로 결정한 가장 큰 이유는 그린팩토리와의 연결성 때문이었다. 2024년 하반기에는 그린팩토리를 리뉴얼해 새롭게 문을 열 예정인데, 1784와 그린팩토리를 잇는 연결통로 구간이 2층에 위치하고 있다. 그러니 2층에 로비를 둔다면 1층을 로비로 사용할 때보다 혼잡도를 낮출 수 있을 뿐 아니라 그린팩토리의 2층과 1784의 2층을 연결해 하나의 공간으로 사용할 수 있다는 장점이 존재했다.

로비를 2층으로 올리는 것은 1784를 테스트베드화하는 과정 중 하나였다.

하지만 우리가 원하는 시나리오대로 공간이 작동하기 위해서는 동선을 짜임새 있게 설계하는 것이 무엇보다 중요했다. 우선 어디에서 접근하든 자연스럽게 2층으로 유도할 수 있는 동선을 계획했다. 1층 아트리움 중앙에는 에스컬레이터를 설치해 2층으로의 접근성을 높이고, 지하주차장을 이용하는 사람들을 위해 지하와 지상을 연결하는 셔틀 엘리베이터 역시 2층까지 운행하도록 했다. 덕분에 2층은 네이버 구성원뿐 아니라 업무를 위해 방문하는 다양한 파트너, 공용 공간을 이용하는 다양한 외부인이 교차하는 활발한 공간이 되었다.

우리는 여기에 머물지 않고 2층이 더 적극적인 실험 공간이 되길 바랐다. 그래서 스타벅스와 협업해 국내 최초로 로봇 딜리버리가 가능한 스타벅스 1784점을 오픈했다. 네이버가 가지고 있는 로봇, 웍스앱, 네이버주문 등의 기술을 활용해 외부 파트너사와 심리스Seamless한 서비스를 완성해보기로 한 것이다. 때문에 2층에서는 수십 대의 루키가 매순

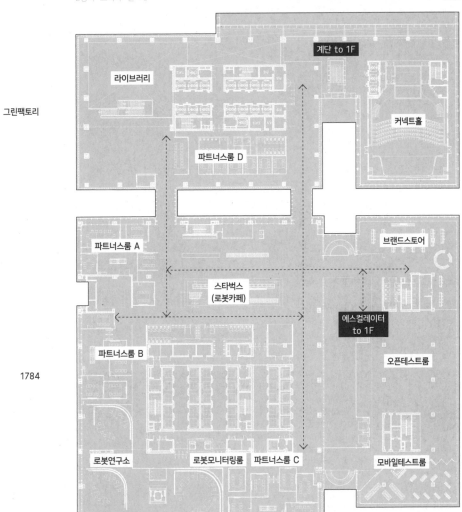

그린팩토리

1784

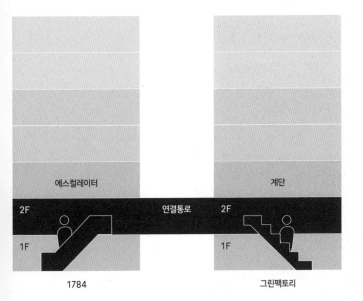

에스컬레이터

계단

1784

그린팩토리

간 스타벅스 주문 상품을 각 층으로 배달하는 다이내믹한 광경이 펼쳐진다.
　　　　또한 파트너들이 사용할 수 있는 전용 회의실인 파트너스룸을 스타벅스와 가장 가까운 위치에 두어 접근성과 편의성을 높였고, 네이버랩스의 로보틱스 연구소 역시 같은 층에 두어 통창 너머로 여러 실험이 펼쳐지는 모습을 생생하게 마주할 수 있게 했다. 여기에 더해 200여 대의 모바일 기기를 사용해 각종 테스트를 할 수 있는 모바일 테스트룸, 팀 네이버의 문화를 제품으로 녹여내 소개하는 브랜드스토어를 입점시켜 1784의 압축된 경험이 한 층에서 전달되도록 설계했다. 2층은 사람들이 가장 많이 방문하는 공간이기 때문에 1784의 정체성이 더욱 잘 보였으면 좋겠다고 생각했다.

스타벅스(로봇카페)

모바일테스트룸

하나의 경기장에서 여러 종목의 경기를 펼치는
것처럼 2층 안에 여러 성격의 공간들을
자연스럽게 연결시키려는 시도를 이어갔다.

파트너스룸　　　　　　　　　　　　로봇연구소

배달 로봇 루키와 양팔 로봇 엠비덱스가 함께 있는 카페 전경

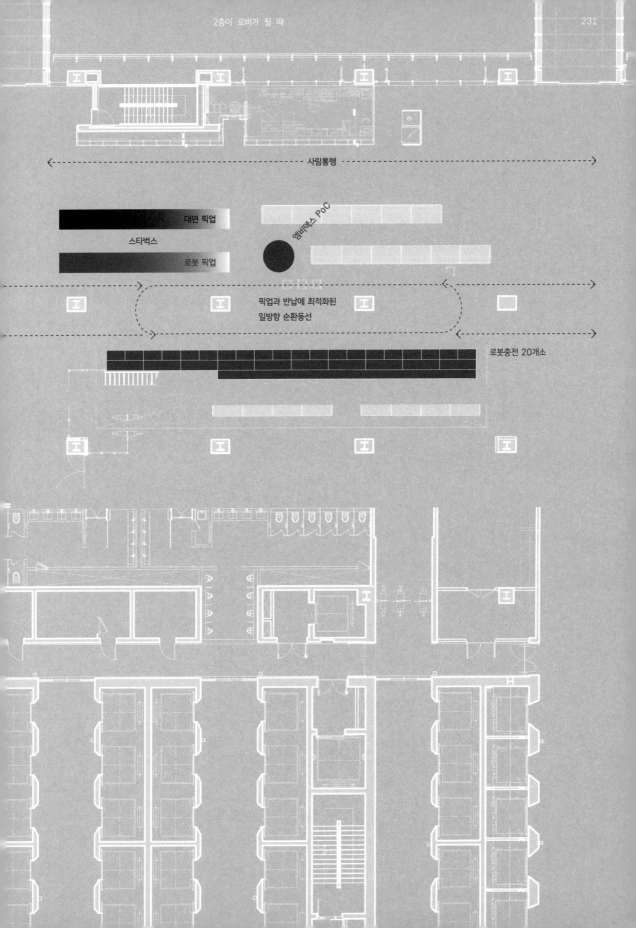

사람통행

대면 픽업

스타벅스

로봇 픽업

엠비덱스 PoC

픽업과 반납에 최적화된
일방향 순환동선

로봇충전 20개소

거대한 알림창이 되는 거야

1784 오피스 공간에 위치한 엘리베이터홀의 너비는 15미터다. 너비가 긴 이 공간에는 독특한 장치가 하나 있는데 바로 엘리베이터홀을 기준으로 양쪽 상단에 매달린 길이 13.5m의 LED 정보 표시 장치다. 큐브 형태의 미디어 스크린으로 이뤄진 이 장치는 언뜻 미적인 요소를 고려한 디자인처럼 보이지만 사실 엘리베이터홀에서 발생할 수 있는 여러 가지 문제를 해결하다 보니 탄생한 결과물이다.

　　　　　일반적인 엘리베이터의 경우 홀랜턴이라 불리는 장치를 통해 상행과 하행 정보를 램프 형태로 표기한다. 하지만 1784의 엘리베이터는 사람과 로봇이 함께 탑승하기 때문에 사람 외에도 로봇의 탑승과 이동 등 훨씬 다양한 운행 정보를 보여줘야 했다. 주행 및 도착 정보, 층 정보와 구간 정보, 엘리베이터 호기 정보에 로봇 탑승 정보까지 사용 환경과 주체에 따라 표기해야 하는 정보의 양이 아주 많았다. 그러니 이 모든 정보를 효과적으로 보여주면서 누구나 한눈에 알 수 있도록 직관적으로 정리하는 작업이 필요했다. 동시에 엘리베이터홀 공간의 좌우 너비가 길어서 양끝에서는 엘리베이터 운행 정보를 쉽게 확인하기 어렵다는 문제도 해결해야 했다. 이런 모든 고민을 해결할 디자인으로 긴 큐브바 형태의 LED 정보 표시 장치를 고려했다. 하지만 예상치 못한 문제가 발생했다.

> "엘리베이터의 탑승 정보는 대부분 아날로그 신호로 이뤄집니다. 이 신호를 LED 디스플레이에 바로 활용할 수는 없어요. 아날로그 신호를 그래픽으로 표시하기 위해서는 컨버터를 활용해 디지털 신호로 변환하는 작업이 필요합니다. 결국 엘리베이터의 운행 정보와 건물 관제 정보를 디지털화해서 디스플레이하는 기술을 개발해야 합니다."

쉽게 말해 우리가 원하는 정보를 원하는 형태로 표시할 수 없다는 얘기였다. 때문에 우리는 아날로그 신호를 디지털화하는 기술을 별도로 개발했고, 멀리서도 곧바로 확인할 수 있도록 큐브 전면과 하단에 LED 디스플레이 모듈을 설치했다. 이렇게 하니 LED 정보 표시 장치의 각 면 모두를 스크린처럼 활용할 수 있었다.

이렇게 결정된 LED 정보 표시 장치 디자인은 발상을 전환하는 데 큰 역할을 했다. 그저 엘리베이터의 운행 정보를 전달하는 장치에만 머물지 않고 다양한 정보를 표현하고 전달할 수 있는 커뮤니케이션 도구로 확장할 수 있다는 가능성을 본 것이다. 텍스트는 물론 이미지와 영상까지 재생할 수 있는 디바이스를 확보했고, 그 위치 또한 구성원이 필수적으로 사용하는 엘리베이터홀이라면 시도해볼 만한 콘텐츠가 아주 많았다.

> '구성원이 출근하면서 맨 처음 만나는 공간인 만큼 특별한 날에는 색다른 분위기의 이미지를 보여주면 어떨까?', '중요한 정보나 주목도 있는 메시지를 내보내야 할 때는 여기를 게시판처럼 사용해볼까?'

로봇 탑승 여부
현재 층 정보
층 도착 정보
상/하행 운행 정보
배차 알림 정보
엘리베이터 운행 구간
엘리베이터 호기

'만에 하나라도 응급 상황이 발생하면 이 LED 스크린이 비상 정보를 제공해줄 수도 있겠구나!'

형태가 정해지고 기능이 확장되자 그 사용성은 수많은 조합으로 이어졌다. 실제로 지금 1784에서는 엘리베이터 운행에 필요한 정보 외에도 LED 정보 표시 장치에 다양한 콘텐츠를 제공하고 있다. 서비스 출시나 기념일을 축하하는 홍보 배너로도 사용하고, 특별한 비즈니스 파트너들이 1784를 방문했을 때는 웰컴 메시지를 흘려보내기도 한다. 크리스마스나 명절에는 별도의 디자인 요소를 반영해 이벤트 분위기를 띄운다. 그리고 비상시에는 긴급 상황을 빠르게 전파하거나 피난 경로를 안내하는 등의 정보가 자동으로 송출되도록 세팅해두고 있다. 엘리베이터와 관련한 갖은 정보를 효과적으로 표기하기 위해 고민한 결과가 우리에게 거대한 알림창 하나를 선물해준 셈이다.

공용층 엘리베이터홀 LED 표시장치

업무층 엘리베이터홀 LED 표시장치

1784 오픈 기념 이벤트 ― 푸릇푸릇

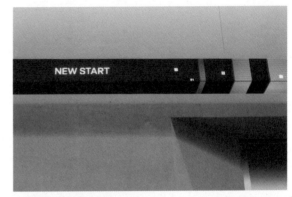

데이터센터 각 세종 오픈 기념 이벤트

지식iN 20주년 이벤트

비상상황시

사이니지가 비뚤어져 있는데?

'사용자 중심'이라는 단어가 널리 사용되기 시작한 건 이미 오래전 일이지만, 많은 것이 여전히 공급자 향으로 설계되어 있는데, 이는 사용자에게 온전히 무게 중심을 두지 않기 때문에 생겨난 일이다.

1784에도 여느 건물처럼 주요 공간을 안내하는 사이니지가 있다. 1784는 언제든 변하고 업데이트할 수 있는 가능성을 열어놓은 공간인 만큼 사람들에게 '어디에 어떤 공간이 있는지, 어느 쪽으로 가야 가장 효율적인 동선인지'를 다른 건물보다 더 상세하게 설명해야 한다.

때문에 사이니지는 크게 3가지 기조를 반영해 설계했다. 첫째는 실제 동선이 향하는 방향으로 정직하게 안내하는 것이었다. 우리는 사람의 동선을 관찰해 실제로 걸어가는 사용자 경험에 맞춰 공간을 가로지르는 과감한 형태로 디자인했다. 앞, 뒤, 좌, 우로만 구분하는 것이 아니라 사이니지에 표기된 공간이 1시 방향에 위치하고 있으면 사이니지 역시 1시 방향으로 꺾여 있다. 그러니 사이니지가 안내하는 방향으로 시선을 돌리면 그 공간이 정확하게 눈에 들어온다. 우리가 이 사이니지를 'UX PATH'라고 부르는 이유다.

둘째는 숏컷 패턴이다. 1784에서는 위치를 알려주는 수준을 넘어 빠르고 효율적인 동선을 안내하는 목적으로 사이니지를 사용한다. 따라서 어느 위치에서든 눈앞의 사이니지를 따라가는 것이 목적지까지의 지름길이 된다.

마지막은 손쉽게 교체할 수 있도록 가볍게 제작한 것이다. 1784 사이니지는 공중에 매달려 있는 행잉 스타일을 채택했고 필요한 장소에 쉽게 설치하고 철거할 수 있도록 가벼운 패널 형태로 제작했다. 덕분에 공간의 위치가 바뀌거나 이름이 바뀔 때도 즉각 대응할 수 있다.

이처럼 사용자 중심이 되려면 그저 사용자 편에서 생각하는 수준을 넘어 사용자에게만 초점을 맞추는 과감한 결정이 뒤따라야 한다. 사이니지를 만들고 나서는 내부에서도 '사이니지가 삐뚤어진 것처럼 보인다'는 의견도 있었지만 이는 어디까지나 공급자의 시각이었다.

위치를 찾는 사람들에게는 과감한 사이니지가 더 정확하고 나은 길잡이가 되어주고 있다.

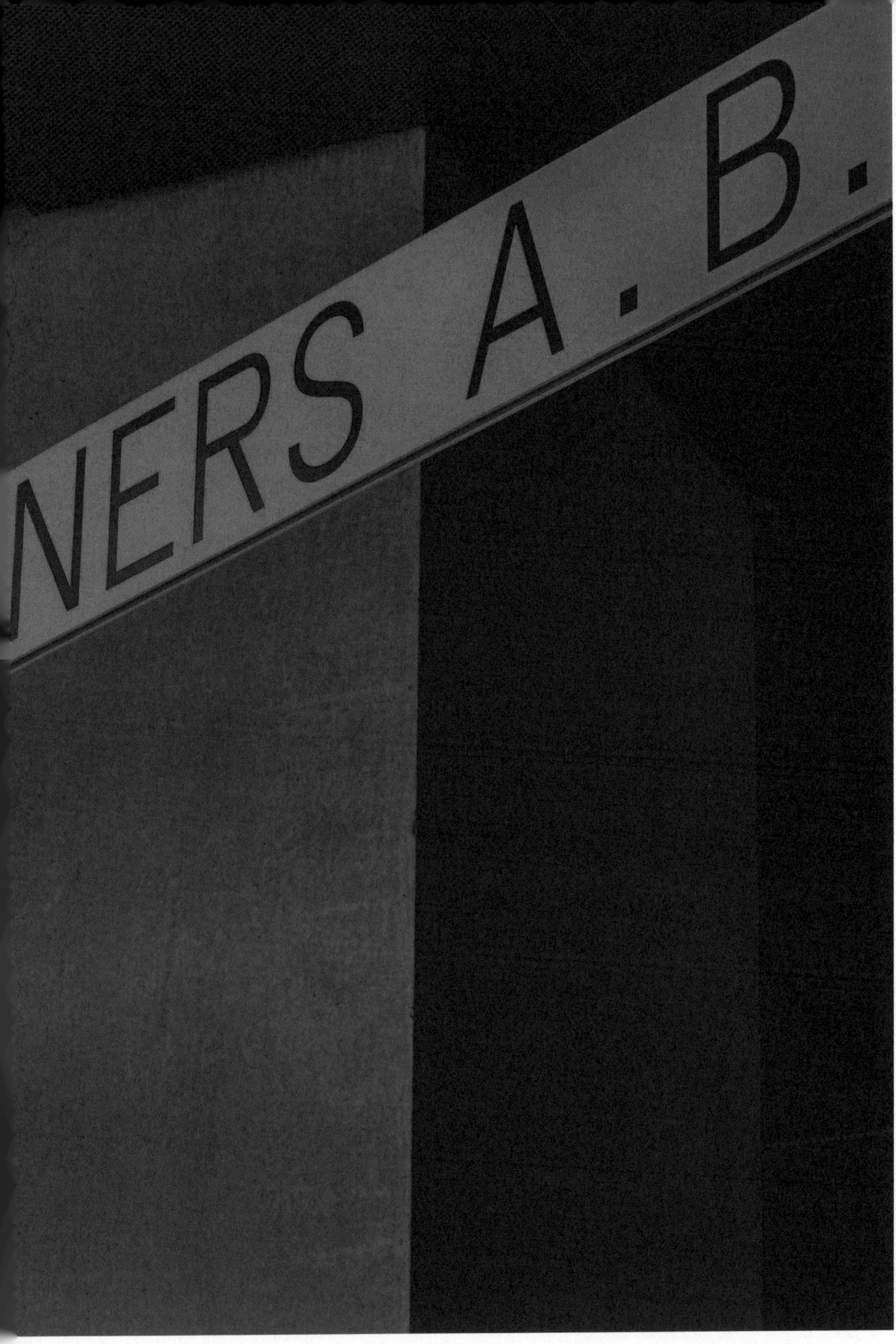
NERS A. B.

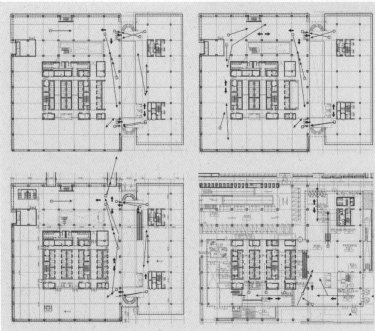

사용자의 예상 동선에 맞춰 사이니지의 위치와 방향에 대한 스터디

KAIST - NAVER AI CENTER / D2SF / NAVER CARE

'지하'도 '식당'도
뻔하지 않게

1784 건물 안에서 시간당 인구 밀집도가 가장 높은 곳은 아마도 키친 B1일 것이다. 점심시간에는 오전 11시 30분부터 오후 2시까지 운영한다. 2시간 30분 내에 수천 명의 식사를 빠르고 안전하게 배식해야 하고, 사용자는 불편함을 느끼지 않고 기분 좋게 식사를 끝내야 하는 공간이다. 이를 위해 우리가 해결해야 할 과제는 명확했다. 지하 공간이라는 물리적인 한계를 극복할 것, 효율적으로 식사를 제공한다는 운영상의 목표를 달성하는 것이었다.

건물이 완공된 후 사내식당을 방문하는 이들이 공통적으로 하는 말이 있다. '분명 지하 공간에 왔지만, 지하 공간에 있다는 느낌이 들지 않는다'는 것이다. 여러 이유가 있겠지만 자연 채광이 큰 역할을 하고 있다. 우리는 지하1층 엘리베이터홀과 베이스홀 사이에 남향으로 열려 있는 선큰Sunken을 설계해 외부의 빛이 지하 공간 곳곳으로 충분히 들어오게 했다. 선큰 주변 야외 공간에는 커다란 단풍나무 세 그루를 심었고, 홀 안쪽으로는 그늘에서도 잘 자라는 식물을 두어 눈이 어디를 향하건 푸른 식물을 볼 수 있게 했다. 선큰은 햇빛을 듬뿍 받아들이면서도 지하 공간의 환기를 돕는 '바람의 길'로 존재한다.

지하 공간은 홀이나 주방에서 발생하는 소음이 울리는 문제도 가지고 있었다. 이를 해결하기 위해 우리가 찾은 재료는 고속도로에서 방음을 위해 사용하는 차음판이었다. 알루미늄 소재여서 가볍고, 대량 생산되는 기성 제품이라 가격도 저렴했다. 무엇보다 지하 공간에서 발생하는 소리의 울림을 줄일 수 있으니 사용하지 않을 이유가 없었다. 내부 공간 디자인에 적용해도 좋을 만큼 퀄리티를 높이는 일만 남은 셈이었는데, 우리는 우선 알루미늄 원자재를 투명한 페인트로 마감했다. 또, 생활 소음을 줄이기 위해 흡음 패널을 더했다. 흡음 패널을 차음판에 직접 붙이지 않고 떨어뜨려 배치한 후 그 사이에 조명을 설치했다. 차음판에 만든 타공 패턴을 통해 은은한 빛이 새어나와 벽체가 조명 역할도 한다.
키친 B1에는 다양한 좌석이 놓여 있다. 혼밥족을 위한 바 테이블부터 4인석, 8인석 등 형태뿐 아니라 좌석수도 여러 가지로 조합할 수 있다. 이 좌석들을 식사 시간에만 사용하기는 아까워서 식사 시간 외에도 구성원이 쉬거나 일할 수 있도록 열어두고 있다. 식당 좌석 곳곳에는 콘센트를 넉넉하게 두었고 주방과 세정실 경계에는 전동 도어를 설치했다. 주방의 소음과 냄새를 차단하기 위해 운영 시간 이후에는 셧다운을 실시한다. 라운지5가 밥 먹고 일하는 공간 두 가지 역할을 수행하듯 이곳 역시 하이브리드 공간으로 기능하길 바라기 때문이다.

고속도로 방음벽을 활용해 지하 식당 공간의 소음 하울링을 개선했다.
대량 생산되는 기성 제품이라 가격도 저렴했다.

사람에게 좋은, 지구에도 좋은

"네이버가 친환경 건축에 왜 그렇게 진심이냐고요? 이 질문은 회사가 왜 존재해야 하는지 묻는 것과 같아요. 어떤 서비스를 보여주든 회사가 존재하는 첫 번째 이유는 사회에 기여하는 것이라 믿고 있어요. 그렇다면 기업이 짓는 건축물 또한 사회에 어느 정도 모범이 되어야겠죠.

네이버는 사업 초기부터 지속가능성을 중심에 두고 여러 장치를 고민해왔어요. 이런 노력은 네이버가 짓는 건축물에도 적극 반영되었고요."

"환경오염을 야기한 가장 근본적인 이유를 들여다보면, 지구 생태계에서 인류의 비율이 높아진 것입니다. 그런 맥락에서 많은 학자나 오피니언 리더들이 인간이 모여 사는 도시를 재설계하려 합니다. 즉, 인간의 서식지인 도시에 다른 생명과 인간이 공존할 수 있게끔 노력하는 것이죠. 1784 같은 건축물에서 행하는 실험이 성공해야 도시가 바뀝니다.

하나의 빌딩에서 하는 실험에 불과하지만, 이런 실험 하나하나가 도시를 바꾸는 시작점이 될 것입니다."

1

LEED Leadership in Energy and Environmental Design 는 미국 그린빌딩위원회 US GBC 에서 1993년에 개발한 친환경 건물 인증 제도다. 인증등급 40~49점은 서티파이드 Certified, 50~59점은 실버 Silver, 60~79점은 골드 Gold, 80점 이상은 플래티넘 Platinum 으로 표시한다. LEED는 위치와 교통, 통합 프로세스, 지속 가능한 부지, 수자원 효율, 에너지와 대기 환경, 자재와 자원, 실내환경의 질, 창의적 디자인, 지역적 특성 우선 등의 항목을 채점한다.

친환경 등급을 인증하는 제도가 여럿 있지만, 전 세계에서 10만 개가 넘는 건축물이 참여한 것은 미국 친환경 건축물 인증인 리드 LEED 1가 유일하다. 세계에서 가장 널리 사용되는 녹색 건축물 인증 제도다. 네이버는 지난 12년간 5개 건축물에서 LEED 최고 등급을 획득했다. 2013년 5월 데이터센터 각 춘천을 시작으로 그린팩토리(2014년 9월, 운영 부문 취득), 커넥트원, 2022년 1784, 2024년 데이터센터 각 세종에 이르기까지 플래티넘 인증을 받았다.

네이버가 5번의 LEED 플래티넘 인증을 받는 십수 년 사이 세상은 많이 달라졌다. 몇 년 전만 해도 잘 지키면 미덕처럼 여겨지던 친환경 활동은 이제 모든 인류가 함께 실천해야 할 하나의 과제가 되었다. 잘해온 것을 계속 잘하려면 이전과는 다른 기준과 그에 맞는 액션이 필요하다는 것을 내부적으로 실감하고 있었다. 건축적으로 더 과감한 결정이 필요했고 구성원 각자에게 요구되는 기준도 높아졌다. 이런 과정을 거치면서 어느 하나 쉬운 게 없었다. 10년, 20년 뒤를 정확하게 예측할 수는 없었지만 지금 수준에서 가장 최선의 것을 찾으려 노력했다.

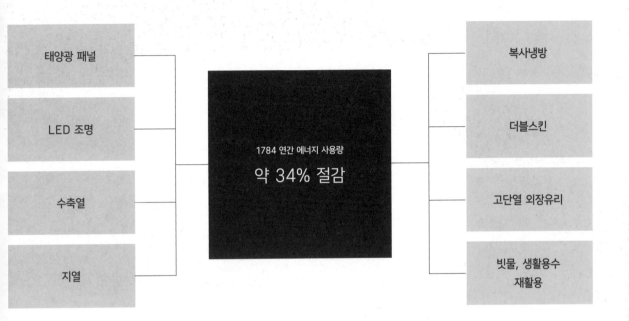

	1784 연간 에너지 사용량 약 34% 절감	
태양광 패널		복사냉방
LED 조명		더블스킨
수축열		고단열 외장유리
지열		빗물, 생활용수 재활용

LEED 플래티넘을 획득한 네이버의 건축물

— 2013 데이터센터 각 춘천 LEED Building
Design and Construction:
New Construction v2009_Platinum
(데이터센터로서 세계 최초)
— 2014 그린팩토리 LEED Existing
Buildings Operations and
Maintenance v2009_Platinum
(당시 세계 최고점 획득)
— 2015 춘천연수원 커넥트원 LEED Building
Design and Construction:
New Construction v2009_Platinum
— 2022 네이버 1784 LEED Building
Design and Construction:
New Construction v2009_Platinum
— 2024 데이터센터 각 세종 LEED Building
Design and Construction:
Data Centers v4_Platinum

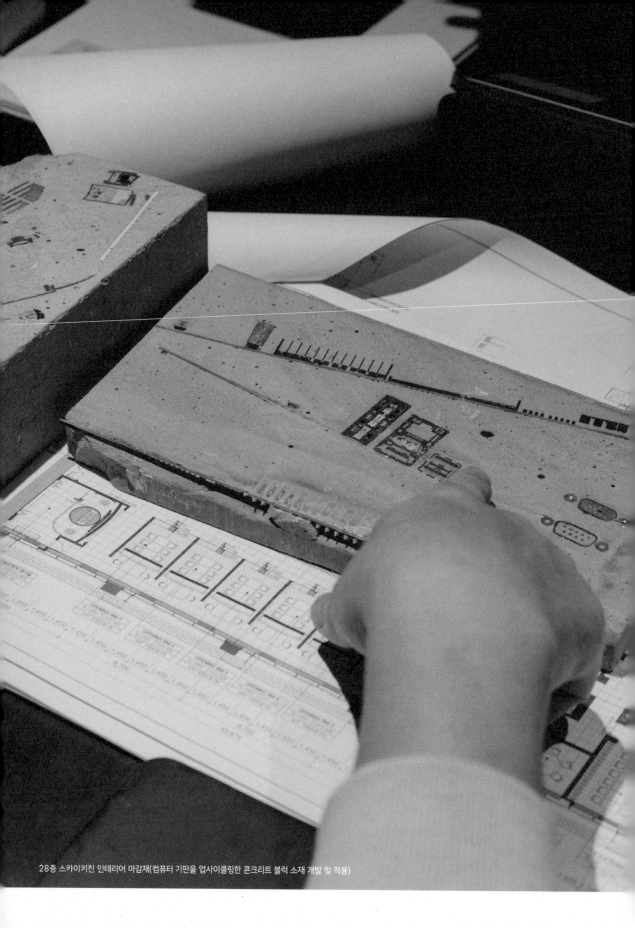

28층 스카이키친 인테리어 마감재(컴퓨터 기판을 업사이클링한 콘크리트 블럭 소재 개발 및 적용)

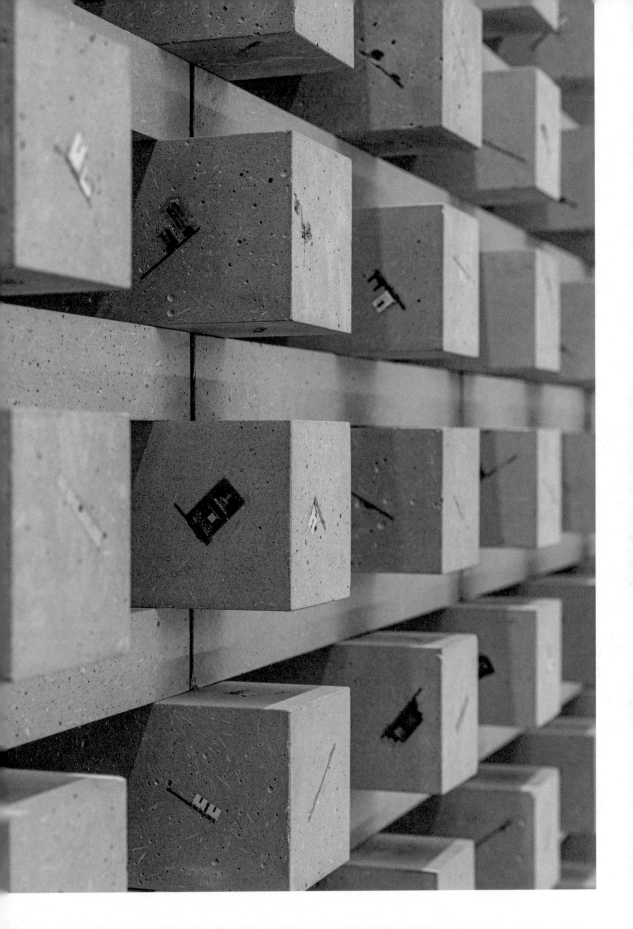

컴퓨터 기판을 업사이클링한 키친B1 벽면마감

변수가 상수

7

팬데믹 상황, 달라진 근무 체계 등
셀 수 없이 많은 변수가 등장했다.
과거에는 맞았지만 지금은 다를 수도
있는 상황에 대응하려면 일관성을
유지하면서도 변수를 적절히 활용하는
대담함도 필요했다.

마스크가 일상이 되었을 때

"코로나19 팬데믹으로 1784의 모든 세부 프로젝트가 힘들었지만 페이스사인은 특히 어려웠어요. 팬데믹 초반만 하더라도 '사옥이 오픈할 때는 마스크를 벗겠지'라는 이야기를 했는데 시간이 지날수록 끝이 안 보였어요. 얼굴 인식은 사계절, 모든 날씨와 모든 시간대의 빛과 그림자를 커버해야 구현할 수 있는 기술이었거든요."

페이스사인 기술은 기본적으로 얼굴의 주요 특징 정보를 바탕으로 사람을 인식한다. 때문에 마스크를 착용하고 있으면 그만큼 정확도를 확보하기 어렵다. 이를 보완하려면 마스크 쓴 얼굴 데이터를 통해 AI 시스템을 학습시켜 정확도를 높여야 하는데 코로나 당시에는 마스크를 쓴 얼굴 데이터를 얻는 것조차 쉽지 않았다. 모두가 원격 근무를 하는 시기였기 때문이다.

많은 인원이 등록되어도 인식률과 인식 속도가 느려지지 않도록 하는 일도 쉽지 않았다. 네이버 주요 계열 법인들의 인원을 고려할 때 1만 명 정도의 데이터를 가지고도 정확한 인식률을 유지해야 하는 상황이었다.

그래서 우리는 기존에 확보해둔 4,200만 장의 얼굴 데이터에 직접 마스크를 합성했다. 이 이미지로 데이터의 퀄리티를 고도로 끌어올리는 작업을 이어갔고, 작업 기간 동안 게이트 출입 동영상만 8,640시간 분량이 쌓였다. 게이트 출입 케이스 검토가 15,585번, 게이트 통과 시나리오가 4,828회 이뤄졌다.

식별 규모가 증가하면 정확도가 현저히 감소하는 구조였지만(1명의 얼굴을 인식하기 위해 1만 명의 얼굴 데이터와 비교) 이런 노력 덕분에 규모와 관계없이 인식 속도를 99.9%라는 안정적 수준으로 유지할 수 있었다.

게다가 또 다른 관문이 기다리고 있었다. 2021년 9월, 페이스사인의 첫 현장 검증을 위해 1784를 방문했을 때 우리는 당혹감을 감출 수 없었다. 1층 출입구 주변의 전면 유리로 자연광이 엄청나게 들어오고 있었기 때문이다. 페이스사인은 조도와 광량에 굉장히 민감한데 쏟아지는 자연광으로 인해 페이스사인 기기에 역광이 생겨 인식률이 크게 떨어졌다. 이는 둘째치고 아침저녁으로 들어오는 햇빛의 양이 달라서 시간대별 대응조차 쉽지 않았다. 문제를 해결하기 위해 우리는 24시간의 채광 데이터를 모두 수집했다. 얼굴 인식은 사계절, 모든 날씨와 모든 시간대의 빛과 그림자를 커버해야 구현할 수 있는 기술이었다.

거기에 더해 별도의 테스트 시설도 만들었다. 극단적인 조명 설정을 통해 태양광을 재현하는 실험을 하기 위해서였다. 높이와 각도, 시간 등을 고려해 최적의 카메라 세팅값을 찾아나갔고, 광량이 모자란 시간대를 위해 천장에 별도의 조명도 설치했다.

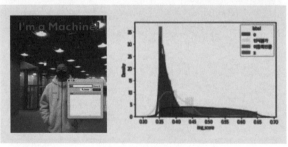

1784 게이트에서 극한의 조명 상황에 대응하기 위해 모델 고도화
→ 26,500여 장의 현장 데이터 라벨링 및 태그 지정

8,640시간

게이트 출입 동영상 데이터

15,585번

게이트 출입 케이스 검토

4,828회

게이트 통과 시나리오

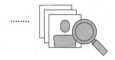

417,739장

이미지 추적 검수

42,000,000장

마스크 이미지 합성

페이스사인이 설치된 각각의 위치와 동선, 광량에 따라 설정값이 모두 달라지도록 말 그대로 한 땀, 한 땀 설계한 이 프로젝트를 우리는 '인공 태양 도전기'라고 불렀다.

마지막 난관은 워크스루 Walk-through 였다. 사람이 걸어오는 속도를 유지하며 게이트를 통과하기 위해서는 모델의 고도화가 필요했다. 사람들은 휴대전화로 통화를 하거나 커피를 마시거나 가방을 뒤지는 등 다양한 상황을 연출하며 게이트를 지난다. 자신의 얼굴을 가린 채 타인의 얼굴 사진이나 영상으로 게이트 접근을 시도하는 외부인이 있을 수도 있었다. 이런 다양한 상황에 대응하고 위험을 차단하기 위해 우리는 '안티스푸핑 Anti-spoofing 로직'[1]을 고도화해 보안을 강화했고 관련 특허도 출원했다.

[1]
얼굴 인식 과정에서 위장한 사람들을 걸러내기 위해 적용한 보안 기술

코로나라는 변수를 활용할 때

"어떻게 회사 건물이 이런 중대형 병원 수준의 방역 시스템을 갖추게 되었나요?"

방역 시스템에 조금이나마 전문성이 있는 사람이라면 1784에 대해 이런 질문을 던지곤 한다. 팬데믹과 엔데믹 상황을 모두 예측하면서 내린 결론은 앞으로 마주할 오피스 공간은 기존의 모습과 꽤 많이 다를 거라는 사실이었다. 다시 출근하게 된다고 해도, 어느 순간 또 비슷한 상황이 발생해 순식간에 원격 근무로 전환된다고 해도 유연하게 대응할 수 있는 시스템이 필요했다.

그래서 방역을 강화하는 데 초점을 두고 공간 곳곳에 비대면과 비접촉 요소를 적극적으로 반영하기 시작했다. 패브릭이나 목재 대신 스틸 소재의 마감을 택해 방역에 더 유리한 조건을 만들어갔고, 센서식 자동문이나 터치식 수전을 배치해 공용 공간에서 비접촉 요소를 추가했다. 많은 사람이 머무는 식당과 카페 등은 1인당 테이블 면적을 더 넓게 확보했으며 필요할 때마다 손을 씻을 수 있도록 했다.

업무 공간 역시 복도 간 거리를 넓게 확보해 사람들의 밀집도를 낮추고 책상 파티션을 높여 비말 전파를 최소화했다. 혹시 모를 감염에 대비해 높은 파티션 위에 가림막을 추가 설치할 수 있는 장치까지 마련했다.

우리 모두는 이러한 노력이 실제로 얼마나 효과가 있는지, 필요한 순간에 제대로 작동할

하지만 이런 노력을 하면서도 '과연 이게 최선일까?' 하는 질문을 끊임없이 던졌다. 다양한 요소를 적용했다고 해도 우리 관점에서 바라보았거나 우리 수준에서 생각한 것들이니까.

수 있는지 확인하는 절차가 반드시 필요하다는 데 공감했고 1784 내부의 방역 시스템을 점검하고 컨설팅해줄 외부 방역자문단을 초빙했다. 감염관리학과 산업공학 분야 등에서 근무하는 6명의 교수진으로 구성된 방역자문단은 1784에 적용된 세부적인 방역 요소를 하나하나 점검하면서 효력을 검증하고, 더 정교하게 업그레이드할 수 있는 부분이 있다면 자문을 해주는 역할을 맡았다. 방역 지침이 강화되어 자문단조차 현장 방문이 어려운 시기라 공간 구석구석을 촬영한 영상을 통해 100% 온라인으로 컨설팅을 진행했다. 2시간씩 총 5회 컨설팅을 진행하면서 심도 있는 의견을 주고받았다. 최종으로 진행한 자문단 평가에서 '1784는 대형 병원에 준하는 방역 체계를 갖췄다'는 평가를 받았다.

분류		내용
환기	각 층 외조기실	각 층마다 개별 공기 순환, 층간 공기 이동 없음
	회의실 공조	바이패스(강제 배기) 그릴 적용
접촉부 방역	항균 하드웨어	항균 코팅
비접촉	도어	로봇 연동 하드웨어(자동개폐), 비접촉 센서
	화장실 도어	도어 삭제 / 자동문 적용
	수전, 비누 디스펜서	비접촉 센서식 적용
	엘리베이터 호출	스피드게이트 통과 시 근무층으로 가는 엘리베이터 자동호출
거리두기	좌석 배치	좌석 간 거리 확보 검토, 업무 방식에 따른 공간 매뉴얼화
	가구 타입	책상 파티션 소재 변경, 식당 좌석 크기 확보
비대면	로봇 관련	로봇 배달 서비스
	비대면 주문/픽업	네이버주문 후 비대면 픽업
	화상회의 장비	모든 회의실에 적용, 1인 화상회의실 확대
	스튜디오타입(교육장)	온·오프 믹스
	무인결제	페이스사인 적용(편의점, 식당, 카페 등)

1784를 한마디로 정의하면, 방역과 업무 효율을 고려한 미래형 사무 공간이다.
사무 공간에 방역 자문을 도입한 것이 처음인 걸로 안다.
사람들은 네이버가 했던 고민을 참고할 것이다.

— 박태준 교수 인천대학교 산업경영공학과 교수

네이버는 병원은 아니지만, 네이버 병원이라는 생각이 들 정도다.
이번 사례는 다른 회사들에 모범이 될 것이다.

— **최미선 팀장** 가톨릭대학교 인천성모병원 감염관리실

방역 관점을 고민하는 사람들에게 강력 추천한다. 사실 일반 회사뿐만 아니라
병원에서도 놓치는 부분이 많은데, 그런 부분까지 생각해서 설계한 것 같다.
우리 병원 경영진들에게 1784를 보여주고 싶다.

— **김윤정 교수** 가톨릭대학교 인천성모병원 감염내과 교수

우리답게 일하는 방법

1784를 준비하면서는 또 하나 고려해야 할 대상이 있었다. 바로 근무제도였다. 팬데믹 이전, 네이버는 구성원 각자가 자율과 책임에 따라 스스로 근로 시간을 정하는 책임근무 제를 시행해왔다. 직원 스스로 업무에 집중할 수 있는 시간을 결정하고 그에 대한 책임을 지는 이 제도는 꽤 오랜 시간 우리가 일하는 방식이자 정체성으로 작동했다. 하지만 팬데믹 기간 동안 재택 근무가 이어지며 일하는 방식과 문화를 두고 또 다른 고민이 생겨났다.

'모두가 오피스로 출근하게 될까?' 아니면 '새롭게 정착된 재택 근무를 이어가게 될까?'라는 고민이었다.

이 과정에서 네이버는 그동안 우리가 일을 대해왔던 방식을 복기해보았다.

- 네이버 구성원이라면 자신이 맡은 일을 주도적이고 책임감 있게 실행할 수 있다.
- 일을 잘할 수 있는 시간과 공간은 자율적으로 선택하되, 협업이라는 중요한 가치를 잊지 않는다.

이런 본질적인 가치들을 다시금 들여다보는 과정 속에서 지금의 근무 제도인 커넥티드 워크Connected work가 만들어졌다. 커넥티드 워크는 재택근무 기반의 타입 RRemote-based Type과 주3회 이상 오피스 출근을 기본으로 하는 타입 OOffice-based Type, 이 두 가지 중 업무에 더 잘 몰입할 수 있는 근무 타입을 선택할 수 있는 제도로, 팬데믹 이후의 시대를 준비하는 또 하나의 실험이었다.

물론 공간 기획 단계에서는 우려하는 목소리도 나왔다. '만약 타입 R을 너무 많이 선택한다면, 사옥이 텅텅 비는 것 아니냐'는 의견부터 '근무 제도를 두 가지로 나누면 사옥을 운영하는 데 더 많은 비용과 리소스가 투여된다'는 걱정도 있었다.
하지만 결과적으로 이런 시도는 1784를 기반으로 한 새로운 사옥 문화와 일하는 방식을 만드는 계기가 되었다. 물리적인 업무 공간은 달라도 타입 O와 타입 R을 '연결'하며 협업할 수 있는 방법들이 필요했고, 온오프라인 회의 등 하이브리드 방식의 근무를 지원하기 위한 시스템을 회의실 등에 갖춰나가기 시작했다.

또한 전체 좌석 중 일정 비율을 공용 좌석으로 운영하고, 1인 회의실Focus Room을 각 층에 배치했다. 전 좌석에서 화상회의를 할 수 있는 화상회의 전용 층화상회의 OK Zone을 테스트해보기도 했다.

네이버는 근무제도 역시 하나의 서비스처럼 변화하는 환경과 목표에 맞게 업데이트해나가는 것을 추구한다. 앞으로도 변화가 필요한 시점이 온다면 우리답게 일하는 방법과 공간에 대한 고민은 또 다른 모습으로 진화를 거듭할 것이다.

실험의 확장

8

1784는 네이버만이 아닌 다양한
파트너와 함께 일하고, 함께 성장하는
공간이 되길 바랐다. 우리의 DNA를
나누면서도 우리 역시 새로운 자극을
받을 수 있는 판을 만들어보고 싶었다.

'방문객'도 또 하나의
'구성원'처럼

코로나 이전 네이버를 찾은 외부 파트너사 방문객 수는 일평균 약 260명 / 약 120건(보안 구역 기준) 정도로, 네이버 그린팩토리 1개 층 근무자와 맞먹는 수치였다. 이 정도 방문객 수와 방문 패턴을 고려했을 때 파트너사들을 단순한 사옥 방문객이 아니라 또 다른 협업자로 생각해야 하지 않을까 하는 내부적 고민이 시작되었다. 그래서 방문객들이 네이버 사옥에 방문 시 평균 몇 명이 방문하는지, 그들의 니즈는 무엇인지에 대해 설문을 진행했다. 설문 결과를 바탕으로 1784의 로비이자 2층 공간에 파트너스룸을 배치하고 파트너사들이 네이버 사옥에 방문했을 때 네이버 공간이 아니라 또 다른 나의 업무 공간처럼 느끼게 만들어나갔다.

그린팩토리 방문 파트너 팀별 방문 인원 비율(19년, 20년 평균)

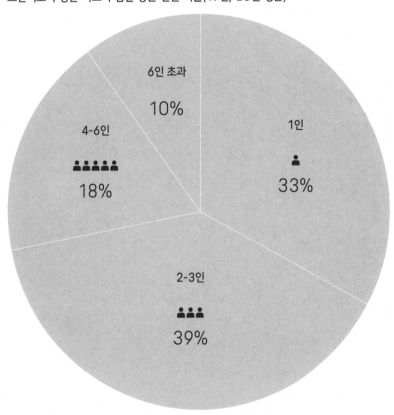

38%

첫 방문

2 ~ 4번

5 ~ 9번

33%

10번 이상

네이버에 얼마나 자주 방문하셨나요?

첫 방문(38%)이거나 10번 이상 재방문(33%)이거나

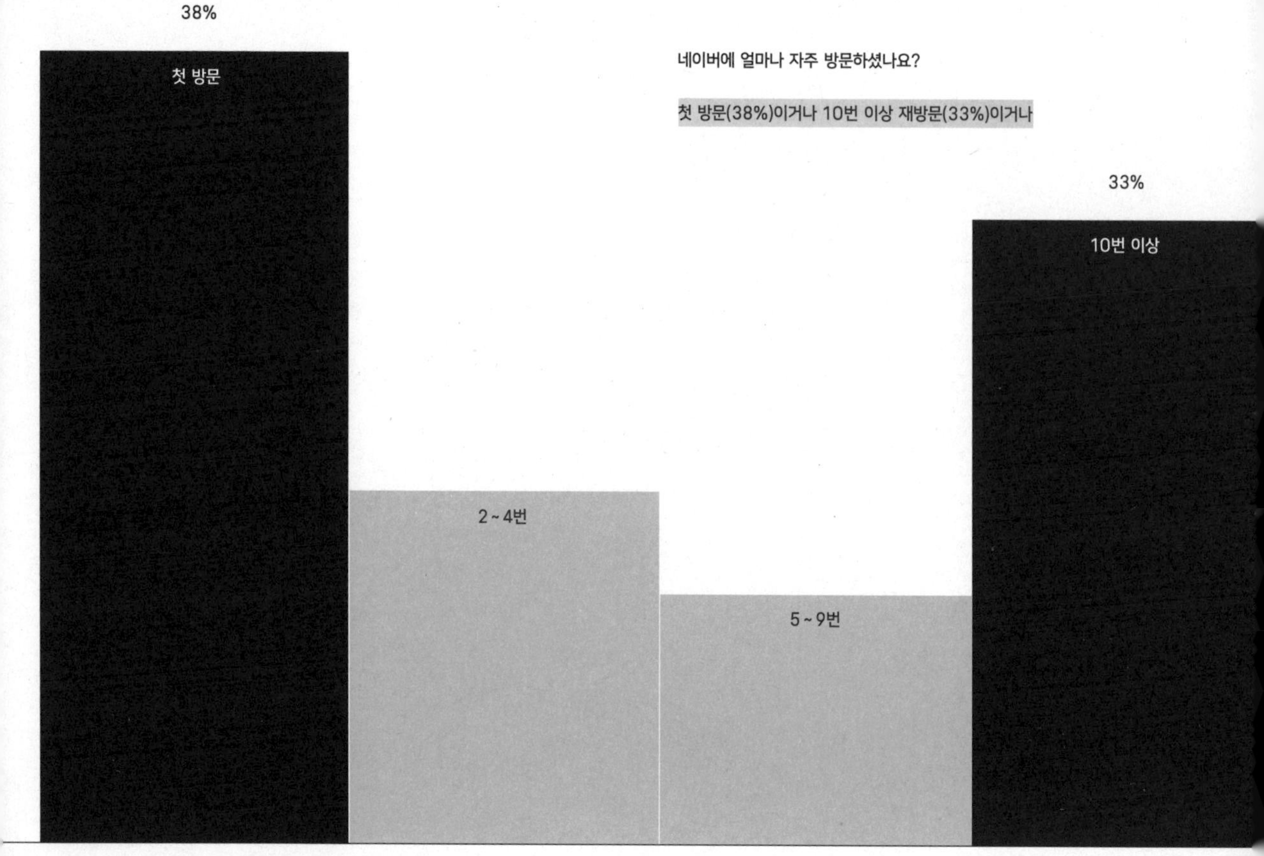

87%

비즈니스 미팅

어떤 목적으로 방문하셨나요?

대부분 비즈니스 미팅을 하러(87%)

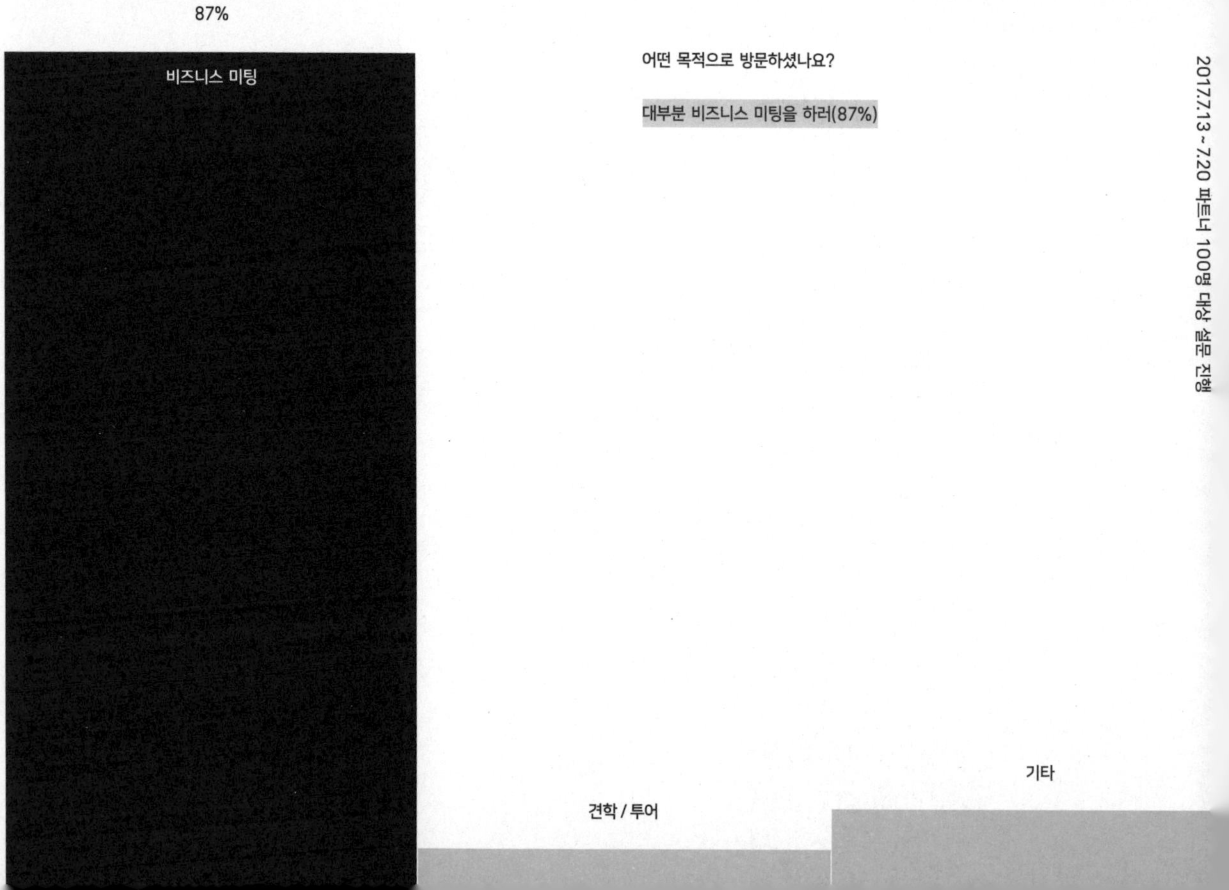

견학 / 투어

기타

2017.7.13 ~ 7.20 파트너 100명 대상 설문 진행

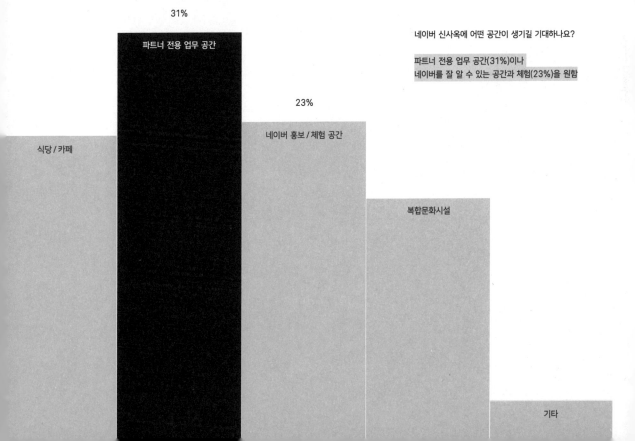

59%

1 ~ 2시간

방문 시 보통 얼마 동안 머무시나요?

머무는 시간은 1 ~ 2시간 정도가 가장 많음(59%)

1시간 이내

3 ~ 4시간

5시간 이상

31%

파트너 전용 업무 공간

네이버 신사옥에 어떤 공간이 생기길 기대하나요?

파트너 전용 업무 공간(31%)이나
네이버를 잘 알 수 있는 공간과 체험(23%)을 원함

23%

네이버 홍보 / 체험 공간

식당 / 카페

복합문화시설

기타

· 파트너회의실 내부 전경

배달 로봇이 회의실 안으로 배달할 수 있도록 회의실 문이 자동으로 열리는 구조를 적용했다.

파트너하이브

회의 이후에 파트너사들이 잔업을 수행할 수 있는 공간을 마련했다.

파트너사의 사옥 출입이 간편하도록 '네이버 출입증' 도입

네이버 출입증(QR)을 통해 파트너사들이 안내데스크를 방문하지 않고
2층 파트너스룸으로 바로 입장할 수 있다.

D2SF
— 또 하나의 실험실

1784를 기획하면서 우리는 다양한 파트너와 외부 입주사가 함께 일하는 공간을 염두에 두었다.

이 공간 안에 들어온 사람이라면 누구나, 내외부 직원 상관없이 '테스트베드'라는 지향점을 느끼고 참여도 할 수 있는 걸 중요한 목표로 삼았다.

실제로 1784에는 스타트업 직원들이 함께 일하고 있다. 그 중심에 네이버의 기술 전략 투자 조직인 '네이버 D2SF'가 있다.

'네이버 D2SF'는 2015년에 설립했다. 네이버와 전략적 시너지를 모색할 수 있는 초기 기술 스타트업을 발굴해, 서로 윈윈할 수 있는 교류 및 협력 기회를 다양한 형태로 만들고 추진하는 것이 네이버 D2SF의 본질이다. 우리는 여러 기술 트렌드와 시장 환경을 예측하며 경쟁력 있는 기술 파트너십을 구축하고 있다. 일례로 창업 4개월 차에 네이버 D2SF가 투자한 AI 데이터 스타트업 '크라우드웍스'는 클로바노트, 파파고 등과 긴밀히 협업하며 코스닥 상장에 이르렀다. 네이버 D2SF가 예비 창업 단계에서 발굴한 학생창업팀 '비닷두'는 2019년 네이버웹툰에 인수돼 현재 네이버웹툰의 AI 기술을 이끌고 있다.

우리는 1784가 기술 스타트업의 테스트베드이자 레퍼런스로 자리 잡기를 바랐다. 그래서 같은 곳을 바라보는 이들과 물리적으로 만나고 함께 생활하며 서로에게 시너지를 줄 수 있는 공간인 '네이버 D2SF@분당'을 1784에 마련했다. 건물 4층에 있는 이곳은 약 700평, 140석 규모의 업무 공간을 일종의 '스타트업 공유오피스'처럼 지원한다. 여러 기술 스타트업이 커뮤니티를 형성해 함께 성장할 수 있도록 오픈형 구조로 설계했다. 특히, 스타트업이 입주 기간 동안 네이버와의 협업 접점을 구체화하고 실제 테스트까지 진행할 수 있도록 네이버 유관 조직과의 교류를 활발히 지원한다. 이곳에서 일하는 외부 직원 또한 식당과 카페 등 다른 부대시설 대부분을 사용할 수 있다. 또한, 사내앱 웍스를 통해 제공하는 다양한 서비스도 동일하게 제공하고 있다.

1784 사옥 안에서 업무를 함께 하니 자연스럽게 협업이 일상화되어 있다. 서로가 보유한 기술을 테스트하고 피드백을 주고받는 교류가 활발한데, 푸드테크 스타트업 '비욘드허니컴'이 대표적이다. 네이버 D2SF는 2020년 비욘드허니컴에 초기 투자한 바 있는데, 그 뒤로 비욘드허니컴은 2022년 8월 말부터 2024년 4월까지 1784 라운지5에서 자체 개발한 AI 셰프 로봇을 활용해 식당을 운영했다. 그동안 비욘드허니컴은 네이버 임직원들을 통해 고객 피드백을 다양하게 수집하며 사업 경험을 쌓았고, 매월 5만여 건의 조리 데이터를 확보해 기술 완성도를 빠르게 높였다. 1784 프로젝트를 레퍼런스 삼아 후속 투자 유치에도 성공했다. 네이버 임직원들 역시 푸드테크를 경험하고 담당 기술·사업과의 접점을 다각도로 모색할 수 있었다.

스타트업은 시장 내 평판이 올라가는 동시에 기술 상용화 테스트베드로 네이버 사옥을 이용할 수 있다. 반면, 네이버 입장에서는 내부 역량만으로 개발하기 어려운 기술과 서비스를 스타트업 투자를 통해 실험해볼 수 있다. AI 순환자원 회수로봇을 개발하는 '수퍼빈'과 협업해 오피스 공간에 'AI 리사이클링 기기 네프론'을 설치한 것도 함께해서 거둘 수 있었던 성과다. 지금까지 1784는 네이버 임직원이 주도했다. 만들고 채우는 것을 먼저 진행해야 했기 때문이다. 앞으로는 소상공인과 개발자, 스타트업을 꿈꾸는 이들이 더 많이 함께하길 바란다.

D2SF
엔닷라이트

엔닷라이트는 D2SF@분당에 입주한 스타트업 중 하나다. 독자 개발한 3D 디자인 소프트웨어 엔닷캐드를 서비스하며 메타버스 플랫폼과 솔루션을 제공한다. 시리즈A 투자를 유치해 성장 중이며 2023년부터 1784에 상주하고 있다.

1784 입주 시 기대와 우려는 무엇이었나?
IT 업계 종사자로서 가장 IT 친화적인 건물을 누구보다 빠르게 경험할 수 있다는 점이 기대됐다. 반면 독립 공간이 아니라, 다른 스타트업 회사와 경계 없이 한 공간에서 일해야 한다는 사실은 우려되는 점이었다. 하지만 기우에 불과했다. 이곳은 울타리가 없기 때문에 다른 스타트업과 교류가 훨씬 더 긴밀하게 이뤄진다. 1784 입주 이전에도 다양한 창업기관의 사무 공간을 제공받아 일했지만 다른 입주사 대표와 이렇게 친밀한 관계를 유지한 적은 없었다. 경영과 관련해 유용한 정보를 공유하고, 어려운 점이 생기면 조언도 구할 수 있다. 무엇보다 모두 성장하는 단계이기 때문에 서로 시너지를 낼 수 있는 가벼운 협업 프로젝트를 상시로 진행하고 테스트할 수 있다.

입주 과정에 어려운 점은 없었나?
기존 사무실이 서울에 있었고, 직원 대부분이 서울에 거주해서 일부 직원이 난색을 표하기는 했다. 하지만 회사가 비교적 '얼리 스테이지'였다. 앞으로 회사의 성장이 가속화되면 시니어 개발자나 기획자 영입을 위한 전략적인 선택이 필요했고, 분당 이전은 좋은 기회였다. 구성원들도 이 점에 충분히 공감했고 동의했다. 지금은 모두가 1784 생활에 만족하고 있다. 구성원들이 가장 바라는 것이 1784 입주 기간을 최대한 늘리는 것일 정도다.

1784가 회사의 성장에 어떤 도움을 주는가?
1784라는 공간이 주는 힘이 엄청나게 크다.

아무리 투자를 많이 받아도, 인재를 담을 공간이 없으면 의미가 없다.

좋은 커리어를 뒤로하고 스타트업에 합류하는 것은 웬만한 결심이 서지 않으면 쉽지 않다. 우리는 네이버 소속 직원은 아니지만, 인프라는 그 이상을 제공받는다. 이런 환경은 우리가 원하는 인재를 채용하는 데 큰 도움이 된다. 한 번 사옥에 발을 들이면 반은 넘어온 거다. 뿐만 아니라 네이버 임직원과 협업하면서 B2B 비즈니스에 대한 관점이 훨씬 넓어졌다. 1784 입주 후 네이버의 많은 팀으로부터 협업 제의를 받았다. 생각지 못한 인사이트를 가지고 와 접점을 찾아보려는 팀이 정말 많았다. 우리 입장에서도 관점을 전환하는 계기였고 우리의 기업 간 거래 전략을 바꿀 정도였다.

1784를 기반으로 이루고 싶은 목표가 있다면?

스타트업이 대기업과 접점을 갖고 레퍼런스를 만들며 시장에 진입할 수 있는 기회는 쉽게 오지 않는다. 그런 점에서 1784는 우리 회사가 성장할 수 있는 발판을 만들어준다. 우리의 성장이 네이버의 성장에도 일정 부분 도움이 되면 좋겠다. 더불어 네이버에서 지원을 받은 것처럼 나중에 우리도 다른 기업에 'Pay It Forward(자신이 받은 도움을 3자에게 나누는 실리콘밸리의 기부 문화)' 할 수 있을 만큼 성장한다면 더할 나위 없겠다.

D2SF
비욘드허니컴

비욘드허니컴은 실시간으로 조리 상태를 수치화하는 AI 모델 'Chef AI'를 개발하는 스타트업이다. 분자 센서를 활용해 조리 중인 고기 상태를 숫자로 표시하는 기술을 세계 최초로 개발했다. 네이버 D2SF는 2021년 비욘드허니컴에 초기 투자를 했다.

1784 내 라운지5에서 '특이점'이라는 키친을 운영하게 된 배경과 결과는?

'새로운 내일을 위한 거대한 테스트베드로서의 역할'. 네이버 1784의 초기 콘셉트가 무척 매력적이었다. 신생 스타트업인 우리의 기술을 펼치기에 이보다 좋은 기회는 없으리라 생각했다. 라운지5에서 매장을 운영하기로 결정했을 때는 사업 초기라 'Chef AI' 기술을 기업 급식에 적용하기 전이었다. 라운지5에서 임직원에게 음식을 제공하면서 기업 급식에 필요한 사항과 기술 스펙을 빠르게 정의할 수 있었고 덕분에 애자일하게 개발하며 솔루션을 고도화해갔다. 현재는 네이버 외에도 포스코, KT, 네오위즈 등의 기업 급식에 'Chef AI'를 도입하고 있다.

특이점을 운영하며 가장 크게 우려한 점은 무엇이었나? 이를 어떻게 해결했는지 궁금하다.

급식 식단을 먹는 인구가 많다. 우리 회사의 목표는 급식 식단에서 잘 구워진 고기를 먹게 하는 것이다. 고기 굽는 일은 사람의 손을 많이 타기 때문에 대량으로 조리가 불가능하다. 이를 기술로 해결하고자 했고, 고기 굽는 초창기 모델을 개발했다. 그런데 막상 적용하고 보니, 고기는 구운 지 3분만 지나면 식어서 맛이 떨어지는 문제가 있었다. 특히 1784에 있는 라운지5의 경우 현장에서 주문한 후 음식을 바로 수령하지 않고 사무실에서 원격으로 주문한 후 알림이 뜨면 음식을 픽업하러 온다. 조리 완성 후 픽업까지 빠르면 5분, 늦으면 15분이 소요되니 고기맛이 떨어질 수밖에 없었다.

시간이 다소 지난 후에도 고기맛을 유지하려면 보완책이 필요했다. 결국 우리는 더 오래, 높은 열을 보존할 수 있도록 센 불에서 조리가 가능한 '직화형 로봇'을 개발했다. 새로운 버전의 로봇을 도입한 후 맛이 조금 개선되었지만 여전히 만족스러운 수준은 아니었다. 조리 후에 음식을 따뜻하게 보관해주는 보온 기계를 추가로 도입했지만 10분 이상 방치하면 맛이 급격히 떨어졌다.

결국 보온 방법을 추가로 고민하는 대신 '그릴 요리는 5분 안에 픽업해야 맛있게 먹을 수 있다'는 사실을 적극적으로 안내했다. 이후 메뉴에 대한 만족도가 높아졌고, 메뉴 주문수가 한 달 만에 50% 이상 증가했다. 당시에 개발한 직화형 로봇은 현재 비욘드허니컴에서 가장 중요한 프로덕트로 자리매김했다. 여러모로 뜻깊은 경험을 했다.

네이버와 협업하는 과정에서 느낀 점은?

1784 공간 곳곳에 기술이 자연스럽게 녹아 있다. 이 건물 안에서 직접 서비스를 판매해 보았기에 더욱 체감이 된다. 출입증을 등록하고 식재료를 반입하고 주방을 운영하는 일련의 과정을 겪는 동안, 어느 하나 빈틈이 없고 완벽에 가깝게 인프라가 구축되어 있다고 생각했다. 어떤 일이건 높은 기준점과 완성도를 목표로 한다는 느낌을 받았다.

1784에서 식당을 운영한 경험을 한 줄로 정의한다면? 그 이유는?

"난이도 높은 통합 과정Integration"이었다.

처음에는 우여곡절과 시행착오가 많았다. 주방 공간은 좁았고 우리는 급식 경험이 전무한 상태였다. 기계를 도입한 초기에는 AI가 고도로 학습된 상태가 아니었다. 기본 룰을 인지한 상태로만 굽다 보니 고기가 타는 일도 많아서 2달간은 주방 아주머니들의 도움을 받아 구웠다. 하지만 그 시간이 괴롭지는 않았다. 네이버 담당자는 우리가 차차 나아지기를 기다려주었고 고기맛이 나아질 때마다 좋은 리뷰를 남기며 힘을 북돋워주었다. 돌이켜보면 참 난이도 높은 통합 과정이었고, 동시에 성공적인 통합 과정이었다. 앞으로도 비욘드허니컴이 잘 성장해 네이버와 함께 기술로서 더 좋은 일상을 만들어내도록 하겠다.

KAIST-NAVER
AI CENTER

카이스트와 네이버가 함께 기술과 인프라를 공유하며 AI 전문 인재를 키워내는 공동연구센터다. 카이스트 대학원에서 진행하는 연구가 실제 산업현장에서 유용하게 사용되고 네이버와의 협력을 통해 더 큰 시너지를 이끌어내는 것을 목표로 한다.

1784 안에서 가장 좋아하는 공간은?
연구하다 집중이 안 될 때 라운지5의 식당과 카페에서 휴식을 취하면 재충전이 된다. 가벼운 커피챗을 하기에도 좋다. 가벼운 대화이지만 그 안에서 좋은 연구에 대한 아이디어도 많이 나온다. 미팅룸도 잘 갖춰 있어 주기적으로 회의하기에도 편하다.

카이스트와 1784에서의 생활에 어떤 차이가 있는가?
시설과 복지 측면에서 차이가 있다. 시설 측면에서 가장 큰 차이점은 생활하는 공간이 쾌적하다는 것이다. 1784는 햇빛이 잘 들고 업무 공간이 넓게 트여 있다. 책상도 넓어 답답하지 않다. 허먼 밀러 의자를 사용하기 때문에 장시간 앉아 있어도 몸에 부담이 덜하다. 실내 공기 순환과 환기, 온도와 습도 관리도 잘된다. 외부 환경에서 오는 스트레스가 없으니 연구 효율이 상당히 올라간다. 특히 연구실 밖에 있는 사람들과 여러 차례 미팅할 기회가 있다는 점이 카이스트에서의 경험과 확연히 다르다. 많은 GPU를 이용할 수 있고, 다른 연구원과의 교류 덕분에 연구 밀도가 높아진 점도 무척 마음에 든다. 복지 측면에서 보면 식사지원금이나 조식 자판기 무료 이용, 라운지5 이용 등 실질적인 혜택이 주어져 모두가 흡족해한다.

네이버 임직원과 평소에 어떤 교류 활동이 있는지 궁금하다.
네이버파파고와 산학과제를 진행하며 네이버 연구원과 여러 차례 논의를 이어갔다.

대화가 필요할 때마다 건물 내에 있는 곳곳에서 이야기를 나누었고, 이것이 연구하는 데 좋은 밑거름이 되었다.

우리가 연구하는 내용이 서비스에 어떻게 도움이 될지 파악하는 과정을 거쳤고, 사용자 니즈에 따른 연구를 진행하는 값진 경험도 했다. 네이버 임직원 중 많은 분들이 열정이 넘치고, 활발한 토론 문화를 갖고 있다는 인상을 받았다. 자유로운 분위기가 연구 생산성을 향상시키는 데도 큰 도움을 주었다.

1784에서 협업이 활발한 이유는?
최근 SNOW와 기술 개발 협업 및 세미나를 진행하고 있는데, 다른 기업에 비해 거리가 상대적으로 가까워서 미팅하기가 편하다. IT 기업이 모여 있는 판교와 정자에 사옥이 있다는 부분은 협업을 요청하는 상대 기업 입장에서도 오프라인 미팅을 부담 없이 진행할 수 있어 협업이 성사될 확률이 높다.

지금은 어떤 연구를 진행하고 있는가?

카이스트-네이버 초창의적 AI 센터에서는 다양한 연구가 진척되고 있다. 인공지능을 가장 창의적으로 활용할 수 있는 방법을 연구 중에 있고 그중에서도 이미지 생성과 관련해서는 개인화된 이미지 및 3D 가우시안 스플래팅 Gaussian splatting을 통한 3D 오브젝트 생성 등의 연구가 이뤄지고 있다. 궁극적으로는 창작자, SME(중소상공인)들을 위해 쉽고 유용한 툴을 만드는 것이 목표다.

트래쉬 버스터즈

트래쉬 버스터즈를 소개한다면?

지구의 쓰레기 문제를 근본적으로 해결하는 비즈니스 모델을 추구하고 있다. 첫 시작은 2019년이었다. 야외 축제 현장에서 발생하는 쓰레기를 줄여보자는 발상에서 시작했다. 일회용품을 당연하게 사용하던 곳에 가서 다회용기를 빌려준 후 나중에 수거하고 세척하는 일을 했다. 발상을 행동으로 옮긴 결과 축제 기간 동안 발생하는 쓰레기양을 많이 줄일 수 있었다. 하루에 발생하던 쓰레기양이 대형 쓰레기 봉투 300개 정도 되는 현장에서 봉투의 숫자를 5개까지 줄인 적 있다.

우리 회사가 현재 가지고 있는 사업 모델은 크게 두 가지다. 축제 현장과 기업을 대상으로 한 '사내카페·탕비실' 모델이다. 축제 현장 위주로 운영하던 사업을 코로나 이후 기업 내 카페나 탕비실로 확대했다. 고객사에 다회용 컵을 공급하면, 사내에서 이를 사용하고 수거함에 넣는다. 그 컵들을 수거해 세척하고 또 새로운 컵을 배송하는 일을 우리가 한다. 현재(2024년 3월 기준) 기준으로 고객사를 약 130곳 보유하고 있다. 트래쉬 버스터즈는 편리하고 합리적인 다회용기 시스템을 구축하고 있다. 일회용품을 다수 사용하는 현재 패러다임을 다회용기 시장으로 전환시키고 싶다.

1784 내에 트래쉬 버스터즈 다회용 컵을 제공하게 된 배경은?

2022년 3월 전후로, 판교 일대 기업에서 정체 모를 주황색 컵이 무엇이냐고 입소문이 났다. ESG를 실천하려는 기업의 수요와 주황색 컵에 대한 인기가 결합하면서 여러 기업에서 다회용 컵을 사용하고 싶다는 문의가 왔다. 그와 비슷한 시기에 네이버에서도 우리 서비스와 협업하고 싶다는 의사를 전해왔다. '지속가능성'과 임직원들의 적극적인 '참여'에 방점을 둔 것이 기억에 남는다.

신규 사옥, 1784의 론칭을 앞둔 시점이어서 담당자는 내실 있고 상징성 있는 '플랫폼'으로써 1784의 모습을 그리고 있었다. 단순히 다회용 컵을 사용하는 것 이상으로, 과감하게 일회용품을 건물에서 몰아낼 수 있는 솔루션을 진지하게 고민하고 있었다. 보통 일회용품과 다회용 컵을 동시에 사용하는 경우가 많다. 반면 네이버 사옥 내에서는 일회용품을 전혀 사용하지 않는 방법을 고민한 것이 인상 깊었다.

서비스를 준비하면서 힘들었던 점은 무엇이었나? 이를 어떻게 해결했는지 궁금하다.

서비스를 준비하고 실제로 운영하며 생긴 고민은 '다회용 컵의 회수율'이었다. 이는 어떤 특정 회사와 일하면서 생긴 고민이라기보다 우리가 제공하는 서비스 자체에서 드러나는 한계다. 기업이나 축제 현장에서 제공하는 다회용 컵은 모두 트래쉬 버스터즈의 자산이다. 자산이 돌아오지 않거나 회수되지 않고 한곳에 오래 정체되어 있다면 이는 회사의 현금 흐름이 원활하지 않은 문제가 발생한다.

우리가 선택한 해결 방법은 고객사, 혹은 일반 대중에게 우리의 의도를 지속적으로 설명하는 일이었다. 이런 해결 방법은 투박하고 시간이 오래 걸린다. 물론 쉽고 빠르게 개선하는 방법도 있다. 회수율이 낮은 고객사에 페널티를 주거나, 회수가 늦은 최종 사용자에게 보증금을 부과하는 방식이다. 그러나 우리는 컵이 돌아오지 않는 이유를 고객에게 전가하고 싶지 않았다. 오히려 회수가 편리하도록 더 가까운 곳에 반납함을 배치하고, 왜 바로 반납하는 것이 중요한지 설명한다. 혹자는 '그렇게 해서 회사를 건사할 수 있느냐'고 이야기하지만, 우리가 이 사업을 시작한 취지를 계속 자문한 끝에 나온 방식이다. 우리 사업에서 중요한 것은 자율성이다. 우리 서비스를 이용하면 기업은 사회적 활동을 실천하는 동시에 쓰레기 배출량을 줄일 수 있다. 이 일은 강제한다고 이뤄지는 것이 아니다. 평소 구성원 하나하나가 다회용 컵을 이용하는 습관을 길러야 한다.

　　　　　　　　　　소비자 입장에서 봤을 때, 반납을 바로 해야 좋은 이유는 무엇인가?
우리 회사의 경쟁력은 세척이다. 세척은 6단계 과정으로 이루어진다. 초음파 세척, 불림과 애벌 세척, 고온 고압 수세척, 열풍 건조, UV-C 살균 소독, 정밀 검수 등이다. 결국 일회용기보다 더 깨끗한 상태로 전달되고, 이를 실험한 결과도 있다. 재가공이 필요한 컵을 검수하는 일도 이제는 스마트팩토리 내 딥러닝 카메라로 진행한다. 타 브랜드와 차별화하고 고객에게 믿음을 주기 위해 세척에 많은 투자를 했다.

　　　　　　　　　　1784와 협업하며 느낀 점은?
우리 서비스를 도입하는 과정에서 다각적으로 생각하는 모습이 인상적이었다. 회사 카페에서 사용하는 컵을 모두 다회용 컵으로 바꾼다는 결정도 쉽지 않은데, 거기에서 한발 더나아가 이런 질문들을 던졌다. 일회용 쓰레기를 줄이기 위해 다회용 컵 사용 외에 다른 방법은 없는가?

구성원들이 불편을 느끼지 않고 참여하려면 어떤 것을 갖추어야 하는가? 지속가능성 측면에서 이 서비스가 최선의 선택인가?

그런 고민 과정을 보면서 우리도 좋은 자극을 받았다. 덕분에 이번 프로젝트 이후 회사 구성원들과 함께 다짐했다. 회사나 조직 차원에서 '트래쉬 버스터즈'를 지칭하는 것에서 벗어나 하나의 '문화'로 만들자는 것이다. 머지않은 미래에 '다회용기'라는 단어와 '트래쉬 버스터즈'라는 단어가 동일한 뜻으로 사용될 수 있도록 멤버 모두가 노력하고 있다. 그때에도 1784와 트래쉬 버스터즈가 서로 좋은 영향을 나누기를 기대한다.

풀무원

풀무원은 그린팩토리에 이어 1784에서도 키친 B1과 주스바, 카페5 등의 F&B 공간을
운영 중이다. 그린팩토리를 운영하며 쌓은 노하우를 바탕으로 1784에서 적용하고 있는
여러 시스템에 대한 이야기를 들려 주었다.

1784에서 카페를 운영하며 가장 기억에 남는 점은?

지하 1층에 위치한 주스바와 카페5에서 하루 판매되는 음료의 수만 해도 2,000잔이 훌
쩍 넘는다. 이런 판매량의 사내 카페를 운영한다는 게 결코 쉬운 일은 아니지만 우리에
게는 도전의 기회라 생각했다. 특히 주스바에 적용된 컨베이어 벨트 타입의 무빙 픽업대
를 도입한다는 이야기를 들었을 때부터 놀라웠고 걱정도 많았다. 심지어 '네이버에서 또
뭔가 새로운 걸 한다는데…'라며 함께 근무하는 동료들에게 하소연한 적도 있었으니까.

하지만 다른 사옥에 입점한 풀무원 직원들이 해볼 수 없는 경험을 먼저 해볼 수 있다는 건 매우 큰 장점이었다.

1784 주스바를 준비하면서 가장 어려웠던 부분은?

무빙 픽업대 자체는 완성도가 매우 높았지만 실제 운영하는 파트너와 싱크를 맞추려면 디
테일한 작업이 수반되어야 했다. 예를 들면 상단에 주문번호가 뜨는 미디어 스크린과 아
래 음료가 담겨 이동하는 퍽 Puck 사이에 간격이 미세하게 어긋나는 문제가 있었다. 그러
면 미디어 스크린을 개발하는 담당부서 직원이 달려와 운영 스태프와 문제를 상의한 다음
프로그램을 새로 만들어 세팅해주었다. 그리고 다시 테스트하고 수정을 거듭하는 방식으
로 업데이트해나갔다.

일반적인 카페 운영과는 방식이 많이 다를 것 같다.

운영을 하는 입장에서도 새로 학습해야 하는 부분이 많고 일반적으로 카페에서 주문받고
서빙하는 경험과 완전히 다른 측면도 있다. 하지만 어떻게 시스템을 만들어가는지, 기존
문제점이 해결되는 과정을 확인하는 일이 신기하고 놀라웠다. 그린팩토리 4층에 위치했
던 그린 카페의 경우 점심시간에 주문이 몰리면 픽업대의 혼잡도가 매우 높았다. 픽업하
는 과정에서 실수로 음료를 쏟는 직원분도 있어, 공간 내부 시설이 자주 오염됐다. 그런데
1784 카페를 설계하는 과정에서는 공간을 기획하는 부서와 F&B 운영 부서에서 이 문제
를 해결하고자 하는 의지가 강했다. 실제 운영을 담당하는 우리와도 여러 번 회의를 하면
서 문제점들을 짚었고 정말 많은 시나리오를 검토했다.

1784에서 2년 넘게 F&B를 운영하며 느낀 점이 있다면?

주스바 무빙 픽업대의 경우 2주 정도의 테스트 운영 시간을 거친 다음 바로 현장에 적용했다. 주문의 일부만 소화한 것이 아니라 모든 주문이 한 번에 무빙 픽업 방식으로 바뀐 것이다. 그럼에도 정말 빨리 안정화됐다. 솔직히 처음에는 무빙 픽업대에서 음료를 찾아가지 않는 손님이 있거나 주문이 밀려 퍽에 다 담지 못할 경우를 대비해 픽업대 옆에 따로 테이블을 놓고 만약의 상황을 대비했다. 하지만 그 테이블을 쓸 일이 거의 없었다. 또 혼잡도가 개선되었다는 것을 몸으로 체감한다. 주문이 많이 들어올 때도 픽업대 앞이 극심하게 붐빈다는 느낌을 받은 적이 거의 없다. 대부분 주문 상황을 웍스앱으로 확인하고 오는데다 멀리서도 자신의 주문번호를 확인할 수 있으니 불필요한 이동이 발생하지 않았다. 이런 운영적인 효율을 디테일하게 잡아가는 과정에 함께할 수 있다는 게 기쁘고 뿌듯하다.

풀무원에 네이버는 어떤 존재인가?

문제를 적극적으로 해결하려 하는 든든한 파트너다. 그리고 그렇게 해결한 문제는 대부분 재발하지 않는다는 게 신기하고 감사한 점이다. '이런 게 불편하다', '사용자들이 헷갈려 한다', '작으나마 위험의 소지가 있다'라고 의견을 전달하면 아무리 작은 문제라도 귀 기울여 듣고 끝까지 해결하려 한다. 그게 네이버가 일하는 방식이라는 걸 많이 느끼고 있다.

팀이라는 힘

TF에 참여한 대부분의 멤버가 지난
시간을 회고하며 한 말은 한결같았다.
'팀이 아니었다면 못했을 일이고,
 협업이 없었다면 이 정도까지 완성할 수
 없었을 거다.'

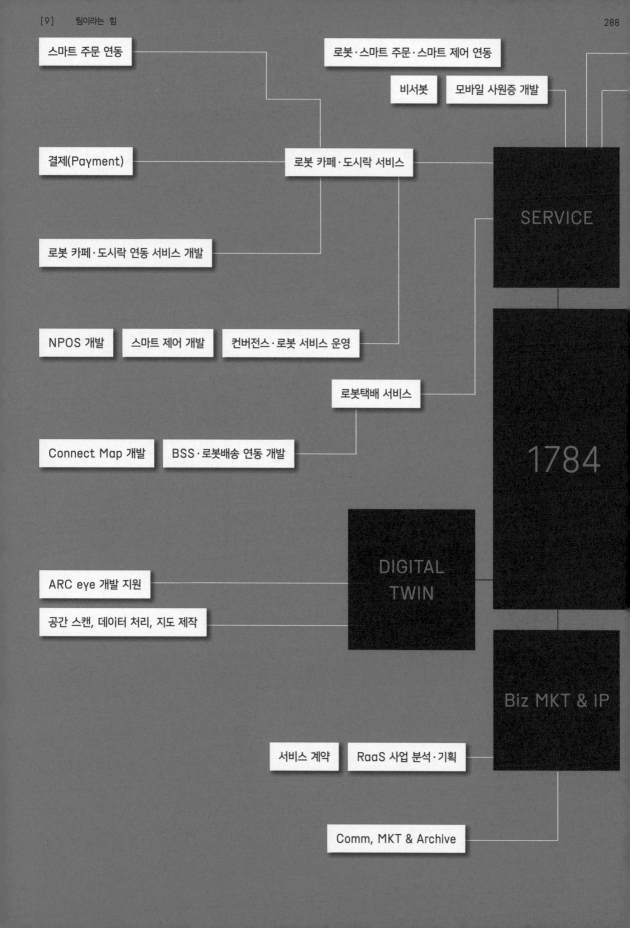

스마트 주문 연동

로봇·스마트 주문·스마트 제어 연동

비서봇   모바일 사원증 개발

결제(Payment)

로봇 카페·도시락 서비스

SERVICE

로봇 카페·도시락 연동 서비스 개발

NPOS 개발   스마트 제어 개발   컨버전스·로봇 서비스 운영

로봇택배 서비스

1784

Connect Map 개발   BSS·로봇배송 연동 개발

ARC eye 개발 지원

DIGITAL TWIN

공간 스캔, 데이터 처리, 지도 제작

Biz MKT & IP

서비스 계약   RaaS 사업 분석·기획

Comm, MKT & Archive

페이스사인　출입, 결제

챗봇빌더　노트

공간 미디어 디자인

사람과 로봇을 위한 사이니지 기획·디자인

1784 유니폼, 브랜드 제품

1784 공간·서비스 기획

SPACE

건축·공간 설계　로봇 서비스 공간 디자인

로봇 친화 빌딩 인증　공간 건축 관리

로봇 서비스 테스트 공간·환경 지원

출입보안 시스템 로봇 연동 지원

프로젝트

5G 특화망　프라이빗 5G

WiFi 6　MDF, TPS

INFRA

폐쇄망　로보포트　엘리베이터

인승, 화물, 비상

게이트　슬라이딩, 스윙, 스피트　정보표시장치

SECURITY

네트워크 인프라 보안 검토·적용

API GW 개발·적용　폐쇄망 연동

로봇, 시스템, 플랫폼 보안 검토·적용

로봇, 시스템, 플랫폼 개인정보 보호 검토·적용

1784 TF 이야기

1784가 오픈한 지 약 1년 8개월이 지난 2024년 3월. 우리는 1784 TF에 참여한 약 200명의 멤버를 대상으로 그동안의 과정을 돌아보는 여러 질문을 던졌다. 멤버 개개인에게 설문 형식의 메일을 보냈고 자유롭게 답변할 수 있도록 모두 주관식으로 응답할 수 있게 했다. 답변은 편집 없이 그대로 공유한다.

처음 1784 프로젝트에 합류했을 때의 느낌은? #막막함 #새로운 도전 #기대 #걱정 #이게 가능할까?

가능성을 상상하며 기획을 시작했지만, 정말 이게 될까?

"이게 될까?"싶은 새로운 도전에 대한 막막함.

건물을 짓는 데 내가 담당하는 서비스와 제품이 탑재된다고?
기존 IT 서비스처럼 화면이 아닌 '건물'에 내 서비스가 남는다고? 너무 신기하고 재밌겠다!

생각한 대로 된다면 좋겠지만, 될까?

기존에 진행한 업무들과 1784 프로젝트와의 차이점이 있다면?
#다양한 부서 #협업 #대규모 프로젝트 #변수 #처음 해보는 시도 #다 같이

사옥 업무는 인터널브랜딩의 끝판왕, 집결체라고 생각해요. 다양한 이해관계자와 협업하고 이해시키고,
기업의 철학과 방향까지 녹여야 하니까요. 그리고 네이버니까 보여줘야 하는 다양한 시도까지….

지금까지 프로젝트를 하면서 이렇게 많은 사람과 함께 일해본 적이 없었어요. 그만큼 많은 조직의 사람들이 힘을 합해서
일했죠. 어려움이 없지는 않았지만, 모두 정말 의욕적이고 열정적이어서 힘들어도 재미있었어요.

기존에 사용하던 프로그램을 개편하는 업무를 수행하면서 많은 변수가 생겼습니다.

기존 업무의 연장선이지만 기존처럼 한 것은 거의 없었고 대부분 처음 시도해보는 것들이었습니다.
또한 국내에 벤치마킹할 수 있는 사례도 거의 없었기 때문에 스스로 여러 가지 시나리오를 생각하고,
고민과 논의를 많이 했고, 공부도 많이 해야 했습니다.

무엇보다 그동안 경험하지 못한 규모의 대형 프로젝트.
단일 서비스의 인터랙션이 아니라 건물 내 사용되는 모든 서비스와 시스템과의 유기적 연결성을 고려해야 했습니다.

1784 프로젝트는 유관 부서 모두가 경계 없이 1784 하나를 보고 다 같이 업무를 진행한 것 같습니다.

1784 프로젝트를 하며 가장 중요하게 고려한 점은? #협업 #로봇 #테스트베드

공간은 그 안에서 생활하는 사람들의 삶을 반영하고 사람들의 요구와 시대의 흐름에 맞춰 계속 변화해나가야 한다고 생각했어요. 그래서 우리가 만들어갈 미래를 담는다는 관점에서 로봇도 준비했어요. 사회 초년생 루키가 사람들과 함께 생활하며 성장해가는 공간이라는 의미에서 테스트베드는 정말 잘 지은 이름 같습니다.

임직원분들이 정말 원하는 서비스가 무엇일까에 대해 많이 고민했습니다.

일을 하며 가장 많이 썼던 표현, 단어들은? #왜? #정말 할 수 있을까? #없으면 만들자 #유연하게

볼드하지만 유연하게, 러프하지만 디테일한.

정말 오픈할 수 있을까? 직원들이 어떤 반응을 보일까?

'왜 이렇게 했어?', '왜 이렇게 해야 해?', '근거가 뭐야?', '안 해본 거 해보자.'
'뻔한 거 하지 말자.', '그팩(그린팩토리)보다는 잘해야지.', '없으면 만들자.'

1784 프로젝트의 일하는 방식을 한마디로 설명한다면? #경험 #팀워크 #실험 #피땀눈물 #레퍼런스 #과정 #상상을 실현 #끝나지 않는

1784 프로젝트는 '군복무'다. 해야 돼서 했는데 두 번 하라면 못하겠습니다.

1784 프로젝트는 나의 한계를 시험하는 테스트베드였다.	1784 프로젝트는 '서로를 이해하는 과정'이었다.
1784 프로젝트는 '신종프로젝트'다.	1784 프로젝트는 상상을 실현하는 프로젝트다.

최고의 경험	네이버 전사 역량의 집합체	'새로운 기준'이다.
1784 프로젝트는 피땀눈물이다.	찐 현장	2020 우주의 원더키디
기다림	1784 프로젝트는 같이의 가치다.	"팀워크의 위대함을 보여주었다."
1784 프로젝트는 끝나지 않는다.	팀네이버 협업의 레퍼런스	답을 찾아가는 팀네이버만의 방식

1784 완공 후 가장 인상적인 부분은? #진행 중 #여전히 새로움 #기획이 현실이 된다

아직도 프로젝트가 진행 중으로 보여요.

아직도 사옥이 새롭습니다.

로봇서비스가 일상 속으로 들어온 점. 다른 곳에 가면 '왜 안 되지?'싶을 정도로….

상상으로 3년, 입주 후 경험으로 2년을 지내고 나니 1784에서의 생활이 당연한 듯 매우 익숙해졌습니다.

1784 프로젝트 미팅에서 본 기획의 대부분이 구현되었다는 점…?

기획하면서 우려했던 로봇과의 공존, 새로운 기술 도입(페이스사인, 모바일사원증, 비대면 주문 등)이 이제는 너무 당연시되고, 해당 기술이 페이드아웃된다는 게 상상이 안 된다는 것!

1784 PEOPLE.
공간 기획 & 디자인

공간 기획, 건축 디자인, 브랜딩 디자인 등의 역할이 한데 모인 공간팀은 1784 프로젝트를 가장 오래 준비한 멤버들이자 여전히 1784를 업데이트하고 있는 사람들이다. 그동안 네이버가 보여온 여러 공간을 끊임없이 스터디하고, 앞으로 네이버가 선보일 모습과 역할을 구체적으로 상상하며 1784의 조각들을 하나씩 이어 붙이는 과정은 우리 스스로에게도 많은 레슨런Lesson-learn을 남겼다.

1784 프로젝트의 첫 시작이 어땠는지 궁금하다.
직원 수가 증가함에 따라 또 다른 사옥이 필요한 상황이었고 더 나아가 사옥을 하나 더 갖는 건 큰 변화이자 새로운 숙제를 안게 되는 것이기도 했다.

'우리는 발명을 하는 사람들이 아니라 발견하는 사람들'이라는 표현을 자주 쓰는데 1784를 시작하는 과정도 동일했다.

기존 그린팩토리에서 우리 구성원들이 어떻게 일했는지를 면밀하게 관찰했고 앞으로 어떤 니즈가 커지고 어떤 공간이 필요할지를 예측하기 위해 데이터를 정말 많이 수집했다. 그런 과정 끝에 1784는 단순한 워크 플레이스(일터)가 아니라 워크 플랫폼(일터이면서도 하나의 서비스처럼 동작할 수 있는 공간)이 필요하다는 합의에 도달했다. 네이버의 구성원들은 일상생활의 문제를 기술로 해결하는 것이 익숙한 사람들이기에, 사옥의 이용자이면서도 사옥 내의 여러 문제를 해결하는 공급자가 돼보는 새로운 구도가 생긴 것이다.

그린팩토리나 이전의 공간들과 비교해 1784의 다른 점은 무엇일까?
제1 사옥인 그린팩토리는 공간을 기획하고 디자인하는 담당자들이 경영진과의 논의를 통해 일을 진행했다면, 제2 사옥인 1784는 10여 년간 쌓인 그린팩토리의 데이터와 사용자 인터뷰를 토대로 1784 프로젝트를 수행하는 수십 개 조직이 함께 모여 만든 점이 가장 큰 차이라고 할 수 있다. 때문에 탑다운 방식과 바텀업 방식을 모두 적용했다. 창업자를 포함한 경영진이 공간의 가치와 중요성을 잘 알고 있었기에 '테스트베드'라는 콘셉트에 지속적인 확신을 심어줬다. 그런 큰 그림을 가지고 공간 시나리오를 만들고, 여러 기술 담당 조직을 만나 다양한 가능성을 논의한 뒤 1784 스마트 TF 합류를 결정했다. 즉, 1784를 만들기 위해 한 번에 조직을 세팅한 게 아니라 몇 달에 걸쳐 필요한 조직이 자발적으로 참여하는 방식으로 스마트 TF를 구성한 것이다.

어떤 부분이 가장 어렵게 느껴졌나?
오프라인 공간은 한 번 적용하면 변경하기가 쉽지 않다. 그래서 여러 번의 리서치와 벤치마킹을 통해 최대한 검증된 결과를 바탕으로 계획을 구체화했다. 그린팩토리는 해외 빅테크 기업들의 훌륭한 오피스 사례를 우리의 환경과 정서로 재해석하는 과정이었지만, 1784는 유사한 사례 자체를 찾기가 힘들었다. 우리가 바란 것은 온라인 기술을 오프라인 공간에 결합시켜 건물 전체가 유기적으로 작동할 수 있는 사옥이었다. 그런데 국내외 사례를 벤치마킹해봐도 얼굴 인식 시스템을 적용한 사옥, 로봇 배달을 잘하는 카페, 스마트폰으로 제어되는 회의실 등 개별 사례는 존재해도 이런 것들이 통합적으로 연결된 공간은 없었다. 여기저기서 가져온 퍼즐 조각들로 하나의 그림을 만들어야 하는 상황이었다. 우리는 불확실성을 줄이기 위해 정말 많은 리서치를 했고, 다양한 프로토타입을 만든 다음 수없이 테스트하고 빠르게 고쳐가는 방식을 택했다. 그 막막하고 지난한 과정을 이겨내는 것이 우리에겐 가장 큰 숙제였다.

1784 프로젝트를 통해 배운 점이 있다면?

프로젝트 진행 중 힘든 순간이 찾아오면 우리끼리 '하이 리스크 하이 리턴Hhigh risk, High return이잖아'라는 말을 주고받곤 했다. 하던 대로 해서 적당한 결과를 얻기보다 없던 걸 시도해서 새로운 결과를 만들어보자는 우리 의지의 발현이었다. 다름을 위한 다름이 아닌, 진짜 의미 있고 작동하는 1784를 만들고 싶었다. 많은 기업에서 인재상으로 도전 정신을 언급한다. 그런데 뭔가에 도전함에 있어 가장 어려운 건 우리가 가진 역량을 잘 쏟아붓는 것이라기보다, '이게 정말 될까?'라는 불확실성과 싸워야 한다는 것이다. 1784 프로젝트 역시 그런 막막함을 짊어진 채 안정적인 공간을 벗어나 계속 새로운 길로 접어드는 과정이었다. 역설적이게도 이 여정이 우리를 가장 성장시킨것 같다.

1784 입주 후 실제 사용되는 모습을 보며 드는 생각은?

박찬욱 감독이 2022년 칸영화제에서 감독상을 수상하며 이런 말을 했다. '한국 관객들은 웬만한 영화에는 만족하지 못한다. 그런 까다로운 관객들이 한국 영화를 발전시켰다.' 그런데 이 말은 네이버에도 똑같이 적용된다. IT 서비스를 만드는 데 익숙한 네이버 구성원들은 결과물에 대한 기준이 매우 높을 뿐 아니라, 서로에게 피드백을 해줄 때도 냉정하다. 그래서 1784 오픈 초반에는 아주 디테일한 부분까지도 많은 피드백을 쏟아냈고, 덕분에 더 빠르게 1784를 업데이트해갈 수 있었다. 한편으로는 전혀 다른 분야에서, 많은 사람이 이 공간을 벤치마킹하고자 찾아온다는 사실에 자주 놀란다. 의사들은 병원의 관점에서, 식음료 종사자들은 매장의 관점에서, 부동산 개발자들은 복합공간의 관점에서 각자 어떤 부분을 적용할지를 고민하는데, 저마다 다른 포인트에서 새로운 자극과 상상력을 얻어가는 것이 매우 인상적이다. 가까운 미래에 또 다른 1784가 어딘가에 생긴다면 그 자체만으로도 기쁘고 신날 것 같다.

1784 PEOPLE.
네이버랩스

네이버랩스의 거의 모든 부서가 1784 프로젝트에 참여했다. 디지털 트윈부터 AI와 비전 기술, 5G 통신, 로봇을 위한 클라우드 시스템, 실내 모바일 로봇 플랫폼과 자율주행, 로봇과 서비스의 UX까지.

첫 시작은?

이게 가능한가 싶었다. 산업현장을 제외하면 이렇게 많은 로봇이 서비스하는 사례가 없었다. 지금은 100% 자동화인데 당시만 해도 모든 단계가 물음표 상태였다. 1784 공사가 한창일 때 우리는 공사현장 옆에서 먼지를 마시며 테스트를 진행했다. 그때도 이게 가능한지 의구심이 계속 들었다. 로봇이 물건 수령 후 돌아오는 간단한 택배 시나리오 하나도 달성할 수 없었으니까. 1784가 오픈하고 나서도 기획자와 개발자가 택배 운영실에 상주할 정도였다. 실시간으로 모니터링하고 문제가 생기면 해결하기 위해서였다. 그래도 여러 팀이 달려들어 문제를 하나씩 수정하면서 자연스럽게 만들어나갔다.

무엇을 개발했나?

1784에 100대가 넘는 로봇이 다니며 서비스할 수 있도록 기술을 개발하고 시스템을 구축했다. 로봇 서비스를 하려면 공간을 매핑하는 기술이 있어야 하고, 로봇이 주행하려면 위치를 알아야 하니까 로봇 측위 기술이 필요했다. 로봇이 배달을 하려면 카페나 편의점에서 받은 주문 정보가 로봇 시스템으로 전달돼야 하고, 또 문이나 엘리베이터 등 시설과 연동돼야 하는데 이런 건 아크브레인과 아크아이가 해결한다. 이를 위해 각 팀이 유기적으로 엮여야 했고, 클라우드나 I&S 등 관련 부서와 협업이 필요했다.

이전과 다른 점이 있었다면?

예전에 '어라운드C'라는 로봇으로 그린팩토리 1층 카페에서 일정한 기간을 정해 테스트를 한 적이 있다. 이처럼 그동안 우리가 진행한 테스트는 끝이 있었다.

반면 1784 프로젝트는 영속적인 기획이었다. 이전까지는 우리가 하고 싶거나 보고 싶은 내용에 초점을 맞췄다면 1784를 진행하면서는 실제로 운영과 유지가 가능한 부분을 더 고민하기 시작했다.

로봇이 사람 사이를 돌아다녀야 하기 때문에 안전도 중요했다. 로봇 때문에 사람이 불편하지 않도록 주행 동작이나 도어 소음, 충전 소음 등에도 신경을 많이 썼다.

어떤 어려움이 있었나?

이 프로젝트는 시작부터 질문의 연속이었다. 대형 공간에서 로봇을 어떻게 운영하고 서비스할 것인가? 여러 대의 로봇이 어떻게 주행할 것인가? 사람이 불편하지 않으려면 로봇

의 동선을 어떻게 잡아야 하나? 어떻게 100여 대의 로봇을 동시에 제어하고 건물 내 시설과 연동할 것인가? 시설에 문제가 생기면 어떻게 처리할 것인가? 이 모든 해답이 아크에 있다. 1784의 시설물, 그러니까 로봇 전용 엘리베이터나 인승용, 화물용 엘리베이터 등이 모두 아크브레인에 연동되어 있다. 로봇 제어도 아크가 한다. 다른 곳은 로봇 서비스별로 관제시스템이나 매니지먼트 시스템을 따서 여러 개 쓰는데 우리는 아크로 통합 제어가 가능하다. 하지만 1784를 오픈할 때도 여전히 문제가 산적해 있었다. '우리가 서비스를 100% 잘해낼 수 있을까?'라고 마지막까지 질문했다.

예상치 못한 변수는 무엇이었나?

그린팩토리와 달리 1784는 업무층 공간 자체에 특징이 없다. 거기에다 유리와 금속 재료도 많이 쓰였다. 사람도 업무층의 환경이 균일하거나 유사하면 방향이 헷갈리는 것처럼 로봇도 인지 요소가 부족하면 사람과 마찬가지로 방향성을 잃는다. 심지어 로봇은 유리를 감지하지 못한다. 로봇이 택배 딜리버리를 위한 메탈 소재 터널을 지나가게 하는 것도 상당히 어려운 과제였다. 친로봇 빌딩에 필요한 마감재 부분을 건축 설계에 완전히 반영하지 못한 거다. 그래서 그러데이션 형태의 마커나 방향을 표기한 사이니지, 조명을 잘 배치해서 이 문제를 해결했고 노하우가 생겼다.

이번에 배운 점이 있다면?

엔지니어로 일하다가 사옥 건축 초반부터 관여한 건 신선한 경험이었다. 우리가 시멘트를 붓지는 않았지만 건축에 일조했다는 자부심이 생겼다. 또 로봇 서비스이기 때문에 결과적으로 네이버랩스가 부각되지만 타 법인부터 시작해서 모든 부서가 적극적으로 협업해 이뤄냈다. 로봇 서비스는 네이버의 여러 서비스와 맞물려 있다. 앞으로도 서로 다양한 방식으로 협업해서 새로운 서비스를 개발할 거다.

그리고 회사 입장에서는 연구를 위해 로봇 서비스를 적용했다지만, 배달 서비스를 이용하는 구성원 입장에서는 돈을 지불하고 구매한 물건을 받는 것이기 때문에 테스트가 아닌 셈이다. 우리 예상보다 결과물의 기준치가 높아야 했다. 더군다나 네이버 임직원은 서비스에 아주 민감하다. 그럼에도 서비스 만족도가 95% 이상이면 나름 의미가 있다. 지금까지 쌓은 기술을 바탕으로 서비스 수요에 맞춰 로봇을 커스텀 가능한 구조로 설계하거나 루키의 사용 수명이 연장되도록 부품을 선정하고 설계를 바꾸는 등 품질 개선을 진행하고 있다. 로봇 서비스가 일반화되면 로봇의 밀도도 올라간다. 다수의 로봇을 큰 공간에서 서비스하는 우리의 경험이 차별점으로 이어질 거다. 건물 단위를 넘어 도시 단위의 컨트롤로 넘어가도록.

1784 PEOPLE.
페이스사인

1784 내에서 구동되는 페이스사인 기술은 얼굴 인식 보안 시스템이다. 네이버 클로바팀의 얼굴 인식 기술을 기반으로 만든 페이스사인은 사원증 역할을 한다. 스피드게이트와 가까워지는 속도를 고려해 얼굴을 인식하고 게이트가 열리기 때문에 걸음을 멈추지 않고도 접촉 없이 스피드게이트를 통과할 수 있다. 1784 내에서는 페이스사인을 통해 결제도 가능하다. 구내식당 배식대에서도, 플랜트숍과 네이버 부속의원 '네이버케어'에서도 화면에 얼굴을 들이대면 신분 확인 후 즉시 결제된다.

첫 시작은?

네이버 클로바팀은 1784 프로젝트에서 페이스사인 기획과 앱 개발, 페이스사인 소프트웨어 QA, 하드웨어 QA 쪽을 담당했다. 처음에는 우리가 가진 기술이 좀 단순했다. 클로바 AI 기술 안에 사람의 얼굴을 감지하는 Detecting 정도의 초기 기술이 있었다. 운이 좋게도 그걸 테스트할 수 있는 데모 서비스 기간이 있었고, 이 기술을 어디에 더 적용할 수 있을지 아이디어를 확장해가고 있었다. 그 시기에 네이버의 제2 사옥 건립 계획이 잡혀 우리도 참여하게 되었다. 사옥 내에서 쓰일 인프라 서비스 중 하나로 클로바의 기술을 도입한 건 이번이 처음이었다.

무엇을 개발했나?

국내외 개발자들이 모이는 데뷰 DEVIEW 라는 콘퍼런스가 있는데, 이곳에서 우리가 가진 얼굴 인식 기술을 티켓 개념으로 사용했다. 티켓을 대신해 얼굴을 보여주면 입장할 수 있게 한 것이다. 이 기술을 좀 더 발전시키면 사옥에 적용할 수 있을 것 같았다. 얼굴 인식을 통해 출입 게이트를 통과하고, 편의시설에서 얼굴 인식만으로 결제가 가능케 하는 것을 목표로 삼았다. 실제 서비스에 적용하려면 여러 변수를 극복해야 했는데 그중 하나가 동선에 따라 방어 로직을 세우는 것이었다. 게이트로 들어오는 게 아니라 게이트 옆을 지나갈 때도 얼굴이 인식되는 상황이 생기지 않도록 테스트를 여러 번 진행했다. 또 동일한 사람이어도 마스크를 쓸 때도 있고, 안 쓸 때도 있기 때문에 이런 상황에도 대비했다. 게이트의 높이와 페이스사인 기계를 부착할 위치를 정할 때도 고민을 많이 했다. 모두를 만족시킬 높이는 없으니 가장 많이 분포한 키를 표준으로 잡고 테스트를 시작했다.

어려운 점을 어떻게 극복했나?

방어 로직을 세우려면 실제 상황에서 테스트를 해야 하는데 건물을 짓기 전이라 테스트할 곳이 없었다. 그래서 랩실 테스트라고, 실제 사용할 공간과 비슷한 환경을 만들어서 시나리오를 짜고 검증을 했다. 또 같은 얼굴이라도 안경이나 모자를 쓰거나 목도리를 하면 다르게 보일 수 있다. 친구들끼리 '메이크업 진하게 해서 못 알아봤다'는 농담을 주고받듯 눈썹 문신을 하거나 아이라인을 진하게 그렸을 때, 헤어를 과감하게 바꿨을 때도 못 알아보는 것이 아닐까 싶어 이런 경우도 테스트했다. 초반에 등록한 얼굴 사진과 현재 모습이 얼마나 유사한지 비교해 적정값을 선정한다. 민감도를 높게 설정하면 동일 인물이지만 상황에 따라 인식을 못 할 수도 있고, 민감도를 낮추면 비슷하게 생긴 사람을 오인식할 수 있다. 그래서 적정값을 찾는 것이 무엇보다 중요했다.

예상하지 못한 변수는 무엇이었나?

가장 큰 변수는 빛이었다. 1784 건물 내에 게이트를 지은 후 처음 테스트한 시기가 겨울이었다. 해가 짧았다. 아침에는 해가 너무 강하고, 저녁에는 빛이 거의 없었는데 어떤 환경에서도 동작해야 하니까 공부를 많이 했다. 봄, 여름, 가을, 겨울 각 계절별로 태양의 고도와 조도 등 빛 환경을 연구했다. 비가 오거나 날이 흐릴 때 등 날씨 변화에 따른 시나리오를 짜고 테스트를 진행했다. 지상 1층에만 게이트를 설치하는 게 아니라 지하 식당이나 엘리베이터홀 등에도 설치하는 상황이었다. 그래서 설치 위치에 따라 각각 다르게 조율한 후 유사값에 따른 테스트를 코로나 기간에 진행했다.

이번에 배운 점이 있다면?

클로바 내에서는 개발자와 기획자, 디자이너 등 우리끼리 모여 쿵짝쿵짝 일을 진행하는 경우가 많다. 그런데 1784 프로젝트는 완전히 달랐다.

하나의 공간 안에서 기술과 공간이 맞물려 돌아가는 과정 자체가 낯선 경험이었다.

이번에는 공간과 건축물 관련한 협업자와 보안 관련팀과 이야기를 많이 나누었다. 보안 관련해서는 문외한이었는데, 그들의 경험을 현장에서 많이 들었고 덕분에 우리만의 기준을 세워갈 수 있었다. 특히 페이스사인 기술은 임직원의 얼굴과 정보를 연계하는 일이다 보니 프라이버시팀의 도움이 많이 필요했다. 법무적인 관점에서 프라이버시라는 주제를 다시 생각하고 고민하는 계기가 되었다. 그리고 왕도는 없다는 것, 우리끼리 고민할 때는 불가능할 것 같았는데 좋은 사람이 모여 머리를 맞대면 뭐든 이뤄낼 수 있다는 것을 많이 느꼈다.

1784 PEOPLE.
네이버웍스

1784 안에서는 클라우드, 로봇, 자율주행, 음성인식, 모바일 등 다양한 기술이 작동한다. 이렇게 만들어진 다양한 서비스는 대부분 사내 메신저 웍스와 연동되어 작동한다. 웍스는 1784 내에서 '리모컨'이라 불린다. 직원들이 출근할 때부터 퇴근할 때까지의 모든 생활 편의를 웍스앱 하나만 있으면 해결되도록 만든 것이다.

웍스 내 '네이버주문'을 통해 음식 주문과 결제를 할 수 있고, 예약자는 사내메신저 웍스 내 스마트제어 탭을 통해 온도, 조명, 환기, 루버 개폐 등 회의실 환경을 제어할 수 있다. 웍스에서 택배도착알림을 받은 사용자는 원하는 시간대에 로봇이 택배를 내 자리에 가져다주는 딜리버리 서비스를 신청할 수 있다. 또 네이버케어에서 진료 예약을 하면 사전 문진을 할 수 있는 링크가 웍스로 전송된다.

첫 시작은?

웍스모바일은 네이버 라인웍스라는 비즈니스 채팅 서비스를 제공하는 회사로, 일본 내 그룹웨어 비즈니스 채팅 부문에서 1위를 달리고 있는 우리의 소중한 서비스다. 웍스는 일반 고객사뿐 아니라 네이버 계열사 직원 모두가 사용하는 앱이다. '1784 내에서 구동되는 앱 개발 프로젝트'라고 했을 때 '웍스'를 가장 먼저 떠올릴 것이다. 직원 모두가 즐겨 사용하고 있으니 웍스에 모든 기능을 담아보기로 한 것이다.

무엇을 개발했나?

웍스가 1784 내에서 담당한 부분은 많은 법인의 기능을 하나로 묶은 '웍스 비서', 휴대폰 태깅만으로 기존 사원증을 대체하는 '모바일 사원증', 회의실의 여러 요소를 제어할 수 있는 스마트제어를 연동시킨 것 등 크게 3가지다. 웍스 비서는 6개 법인이 힘을 합쳐 만든 1784의 통합 플랫폼이다. 식음료 주문 알림, 주차 위치 확인, 로봇 택배 수령 등의 기능이 있다.

모바일 사원증은 직원의 편의를 도모한 결과물이다. 그린팩토리 때를 떠올려보면, 카드 사원증을 두고 와서 임시 사원증을 발급받으려는 사람들로 리셉션 줄이 꽤 길었다. 지금은 훌륭한 '페이스사인' 기술 덕분에 사옥 내 진입이 쉽지만 자판기에서 음료수를 사 먹는 등 여전히 많은 곳에서 사원증이 필요했다. 그래서 이를 하나의 앱에 풀어내자고 했고 결국 웍스 모바일 앱으로 건물 내 모든 설비를 편리하게 이용할 수 있게 되었다. 1784를 사용하는 외부 입주사 분들, 카이스트와 스타트업 종사자들도 웍스로 1784 내 다양한 서비스를 이용할 수 있도록 했는데, 개발 과정이 만만찮았다.

힘든 점을 어떻게 극복했나?

여러 법인이 모여 하나의 과제를 두고 뭔가를 만들어냈다면 놀라운 일이 아닐 수 없다. 같은 법인 안에서 하나의 프로젝트를 두고 일하는 것도 만만찮은데 각기 다른 법인이 모여 뭔가를 한다는 게 가능할까 싶었다. 그게 가능하다면 기적에 가까운 일이니까. 그런데 로봇 배달 서비스만 해도 웍스Works, 글레이스Glace, 클라우드Cloud, 랩스Labs 등 네 곳이 모여 진행했다.

곰곰이 생각해보면 오히려 협업 부서가 많았기 때문에 프로젝트가 가능했던 것이다.

온라인뿐 아니라 오프라인 공간에도 협업 부서가 아주 많았다. 그래서 우리가 늦으면 전체 일정이 늦춰지니 마감일을 기필코 지키자고 팀원 모두가 서로를 독려했다. '우리 때문에 타 법인이 피해보지 않도록 하자'고 늘 다짐했다.

이번에 배운 점은?

온라인 서비스의 특성상 우리는 '방구석 개발자'에 가깝다. 이번에 사옥과 관련한 공간 프로젝트를 하면서 우리가 제공하는 서비스의 유저를 직접 보았다. 게이트를 통과하는 사람, 식당에서 식사하는 사람이 어떤 행동 패턴을 보이는지 유심히 관찰했다. 그들에게 어떻게 하면 더 편리한 서비스를 제공할 수 있을지를 고민했고, 그 결과물을 현실에서 구현하기 위해 노력했다.

웍스의 미래는?

1784 프로젝트를 통해 쌓은 경험을 토대로 일반 유저들에게 가치 있는 서비스를 제공하는 것을 팀의 목표로 삼고 있다. 1784에서 실현한 서비스를 바탕으로 웍스팀뿐 아니라 여러 기술 조직에서 사업화를 준비하는 것으로 알고 있다. 우리 팀도 마찬가지다. 처음 1784를 하면서 꿈꾸었던 '내 손 안의 비서' 서비스를 본격적으로 준비하고 있다. 식사 예약을 하거나 사원증 역할을 하는 것은 초기 단계에 불과하다. 웍스앱으로 업무 효율을 높일 수 있도록 몇몇 서비스를 준비하고 있다. 연내에는 꼭 만들어 네이버 임직원에게 먼저 선보일 것이다.

1784 입주 후 실제 사용되는 모습을 보고 든 생각은?

이 거대한 프로젝트가 완료되었구나. 이 완공된 건물 안에서 직원들이 '웍스'를 원래부터, 늘 있었던 시스템처럼 사용한다, 기쁘다!

1784 PEOPLE.
공간 운영 및 시스템

네이버 임직원의 복리 후생을 담당한다. 1784에서는 더 나아가 라운지5의 먹거리 시설과 지하 1층의 구내식당과 카페, 28층의 레스토랑, 사내병원 등 사내시설과 외부 F&B 브랜드 협업 및 운영을 맡고 있다. 라운지5는 6개 브랜드가 입점한 푸드코트 형태와 풀무원이 운영하는 카페 및 베이커리가 있다. 사내 식당을 푸드코트 형태로 운영하는 기업은 이미 있지만 상생 콘셉트와 네이버주문, 비대면 픽업, 로봇 배달을 적용하는 건 1784가 처음인 완전히 새로운 운영 방식이었다.

프로젝트 진행 시 어려웠던 점은?
운영사나 입점 매장을 정할 때 고민이 많았다. 일단 라운지5의 6개 매장은 대기업 브랜드가 아니라 매장이 몇 개 안 되는 소규모 브랜드 위주다. 한양분식이나 삐빽버거는 성남을 기반으로 성장하는 곳이었고, 제주고로는 제주에 작은 매장을 하나 운영하는 곳인데다, 심지어 특이점은 외식 브랜드가 아니라 AI 셰프를 개발하고 연구하는 곳이었다. 사내 식당이라는 특이성도 있어서 음식점주와 소통도 긴밀해야 했다. 최초 메뉴 가격 설정 후 재조정이 어렵고, 실제 운영 시 특정 시간에 주문이 100여 건씩 몰리는 현상이나 로봇 배달 등 운영과 조율, 적응을 도와야 했다.

어떤 시도를 했나?
키오스크가 아니라 네이버주문과 미디어 스크린을 사용하는 부분은 우리와 입점사 모두에게 큰 도전이었다. 아무래도 새로운 시도라 여러 오류가 발생했다. 시스템이 안정화될 때까지 매일 뛰어다녔다. 특히 라운지5는 정말 많은 새로운 기술이 집약되어 있다. 식당 콘셉트부터 주문 방식, 운영 방식, 히든 스크린, 로봇 배달 전부 새로운 시도라 긴밀한 소통이 정말 중요했다. 이제는 라운지5도 스타벅스도 운영 시스템이 안정화됐다. 사용하는 임직원도 비대면 주문에 익숙해졌다. 예상 준비 시간을 확인하고, 완료 알람이 오면 픽업하러 온다. 덕분에 혼잡도가 많이 줄었다. 사용자도 운영자도 모두 이전보다 편해졌다. 1784 프로젝트는 흰 도화지에 그림을 그리듯 아무것도 없는 상황에서 하나하나 채워야 했지만 그만큼 한 단계 성장하는 기회가 되었다.

일반적인 건물들은 건설사가 BMS Building Management System라는 이름으로 여러 요소들을 붙여 하나의 시스템을 완성한다. 하지만 각각의 요소들을 살펴보면 개별 솔루션을 사용하는 경우가 많아 하나의 통합된 시스템으로 연동하기 어려운 측면이 있다. 1784는 이런 일반적인 방식 대신 네이버, 네이버클라우드, 네이버랩스와 시스템 운영팀의 협업을 통해 독자적인 사옥 시스템을 구축했다. 사실상 1784의 모든 생활은 웍스앱과 페이스사인 두 가지로 가능하다고 볼 수 있다. 출퇴근 시 주차와 출입은 물론 각종 업무에 필요한 공간 사용, 생활 지원 시설 이용, 로봇 제어 등이 모두 하나의 시스템에서 작동할 수 있도록 지원하고 있기 때문이다.

어떤 부분을 담당했나?
우리 팀에서 다룬 카테고리만 해도 물리보안(페이스사인 출입, 로봇 출입 연동, 모바일 사원증), POS(로봇 배달, 네이버주문, 페이스사인 결제, 웍스비서), AV(미디어스크린, 강의장, 회의실 화상 장비, 스카이홀), 주차(사내 시스템 연동, 주차 위치 알림) 등 다양하다. 그중에서도 특히 여러 하드웨어와 소프트웨어를 통합해 심리스 Seamless한 경험을 제공한 게 주요했다고 본다. 출입보안시스템 하나만 보더라도 기성 제품의 하드웨어 위에 페이스사인 기기가 붙고, 그 기기 안에서(임직원들을 위한) 페이스사인(외부 파트너사들을 위한), QR출입증이 모두 원활하게 작동한다. 모든 것을 새로 만드는 것보다 이렇게 여러 구성을 하나로 합치는 것이 훨씬 어려운 과제였고, 이를 물흐르듯 자연스러운 경험으로 풀어내는 것은 더 어려운 일이었다.

힘든 점들은 어떻게 극복했나?
만약 로봇 개발자와 식당 운영자들을 모아두고 "로봇 배달 서비스를 진행하라"는 프로젝트를 내렸다면 일이 제대로 진행되지 않았을 것이다. 개발자와 운영자 각자 사용하는 언어가 다르기 때문이다. 따라서 서로의 언어와 니즈를 이해하기 위해 많은 대화와 조율의 과정을 거쳤다. 다행히 우리 팀은 운영과 개발을 동시에 진행하는 사람이 많아 양쪽 모두에 대한 이해도가 비교적 높았고, 무엇보다 각 유관부서들이 서로의 상황과 역할을 이해하고 지원하는 노력을 아끼지 않았던 게 주요했다고 생각한다.

한편 운영 현장에서 초기에 발생하는 이슈들을 신속하게 해결하기 위해 대응팀도 구성했다. 현장에서 직접 발생하는 문제들을 빠르게 파악하여 역할에 맞는 담당부서들과 해결책을 모색해 반영했다. 더불어 사용자 교육에도 신경을 썼다. 새로운 시스템이 도입될 때마다 사용자들이 쉽게 이해하고 사용할 수 있도록 교육 자료를 제공하고, 필요 시에는 직접 교육 세션을 진행했다. 만들고 반영하는데 그치지 않고 모든 것이 원활하게 동작하도록 끝까지 책임지는 과정에서 우리도 큰 성장을 할 수 있었다고 생각한다.

사옥 관리

1784는 연면적 5만평의 대형건축물로 지어진 건물로 이 건물을 별다른 사건이나 문제없이 운영하려면 보이지 않는 많은 노력이 요구된다. 사옥 관리 부서에서는 임직원들이 1784라는 건물을 안전하고 편안한 느낌이 들게끔 365일 관리한다.

1784 프로젝트에 참여한 소감은?

1784는 새로운 기술과 장비가 많이 도입돼 완공하기까지 역대급으로 힘든 장소라 해도 과언이 아니지만, 그만큼 자부심도 크다. 모든 건물에 자동 제어 시스템, BAS Building Automation System 가 있는데 1784의 경우 타 건물과 비교하면 10배 이상 복잡한 느낌이었다. 예를 들어 건물의 모든 문이 자동문이다. 자동문은 사람이 힘을 줘서 열지 않는 이상 센서와 모터로 움직인다. 초반에는 오류가 많았다. 사람이 걸어오는 속도에 맞춰 언제쯤 열리게 할 것인지 정하는 것도 하나의 이슈였다. 그렇다 보니 임직원의 불편사항도 접수되었고. 익숙해질 때까지 불편함을 느낄 수밖에 없다. 거기다 로봇 자동문까지 있으니 운영이 더 어려웠다. 친로봇 빌딩이라서 요구되는 기술 운영 부분이 있는데 해당팀 또한 우리와 긴밀하게 협력한다.

힘든 점을 어떻게 극복했는가?

임직원은 보통 오전 10시부터 근무를 하지만, 우리팀은 24시간 시설물을 운영관리한다. 건물 전 층의 온도와 습도를 조정하는데 각자리마다 이 값을 균일하게 맞추려 한다. 비가 오는 날은 습도가 올라가니 이를 방지하기 위해 세심하게 조절한다. 건물 밖은 환경이 계속 변한다. 여름, 겨울, 미세먼지가 많은 날, 비가 오는 날. 그렇지만 내부 조건은 균일하게 유지해야 하니 새벽과 야간, 주말을 가리지 않고 건물 구석구석을 돌아다닌다. 엘리베이터는 매주 점검한다. 사람이 없을 때 점검해야 하니 야간이나 주말 새벽에 한다. 매달 복사패널의 온도를 체크하고 계절별로 장마철 대비 점검, 동절기 대비 점검 등을 진행한다. 제때 진행해야 할 것을 제때 하고, 우리 팀이 있어야 할 자리에 있을 것. 그 두 가지만 잘 지켜도 여간해서는 문제가 생기지 않는다.

마침표 없이

건물도 서비스처럼 끊임없이 업데이트할
수 있다면 어떨까? 우리는 1784가
그런 공간이 되길 바란다.
완공도 완성도 없는 현재 진행형의
프로젝트. 내일이면 또 다른 모습이
되는 마침표 없는 사옥.

1784가
여전히 프로젝트인 이유

1784는 그 시작부터 프로젝트 이름이었다. 첫 삽을 뜨기 시작한 2016년부터 정식 이름으로 등록되기 전까지 약 6년이 넘는 시간 동안 '1784 프로젝트'라는 이름으로 불렸기 때문이다.

춘천에 이어 2023년 문을 연 네이버의 두 번째 데이터센터(각 세종)를 소개하는 자료에는 이런 표현이 있다.

> '각 세종에는 다양한 로봇이 서버를 운반하거나 보관하는 역할을 수행하고 있고, 우리는 이런 시도들을 이미 1784에서부터 계속 해오고 있다.'

그러니 미래에 적용될 중요한 기술과 이야기들이 1784 안에서 먼저 일어나고 있고, 이것이 우리가 1784를 여전히 프로젝트라고 생각하는 중요한 이유다. 지금까지의 시간이 1784라는 공간을 만들기 위한 프로젝트였다면, 이제는 1784 자체가 여러 프로젝트를 지원하는 중요한 구심점 역할을 하고 있는 셈이다.

2022년 7월에 첫 입주를 시작했으니 1784가 오픈하고 2년 가까운 시간이 흘렀다. 그리고 이 2년 남짓한 시간 동안에도 1784 안에서는 정말 다양한 일이 일어났다. 세상이 변하면서 우리 역시 선제적으로 대응해야 하는 과제들이 생겨나고 있고 그때마다 새롭게 실험해야 하는 대상들, 함께 협업해야 할 파트너들 역시 늘어나고 있다. 재미있는 건 이런 다양한 활동의 무대이자 장으로써 1784가 활발하게 쓰이고 있다는 사실이다. 로봇을 활용한 실험부터 각종 서비스를 공유하고 테스트하기 위한 시도들, 사내 임직원들을 위한 이벤트와 여러 파트너사와의 프로젝트까지 1784를 거대한 실험실처럼 사용하는 분위기가 지속적으로 퍼지고 있다.

우리 스스로 '1784가 테스트베드로서 성공한 모델이다'라고 자평할 수는 없지만 적어도 지금 시점에서 중간 평가를 내리자면 '꽤 많은 사람들이 각자가 목표한 프로젝트를 성공시키는 데 있어 이 공간을 적극적으로 활용하고 있다'쯤으로는 정리할 수 있겠다. 지금도 '1784에서 이런 것도 해볼 수 있지 않을까요?'라는 문의가 이어지는 걸 보면 말이다.

모두가 베타테스터

1784 빌딩 내에서 로비 역할을 하는 2층. 이곳에서 진행된 몇 가지 전시를 소개한다.

1,000시간의 드로잉 임무를 끝낸 아르토원(Arto-1)

<u>1</u>

사람의 붓 터치를 학습하는 드로잉 로봇

아르토원1은 드로잉 로봇이다. 기존의 드로잉 로봇과 다른 점은 사람이 그림을 그릴 때 사용하는 붓 터치 능력을 학습한다는 것이다. 붓을 놀리는 게 그리 어려운 일인가 싶겠지만 로봇에게는 그렇다. 사람은 붓을 쥐고 힘과 속도, 각도를 순식간에 자유자재로 조절하며 쉽게 그림을 그린다. 반면 이 작업을 동시대 대부분의 로봇에게 시키면 바로 붓을 부러뜨리거나 종이를 찢고 태블릿을 부술 공산이 크다.

네이버랩스에서 태어난 아르토원은 사람의 손맛과 지능을 배우고 있다. 사람들의 붓 터치가 어떤 힘과 어떤 속도, 어떤 각도로 움직였을 때 어떤 결과가 나올지를 예측해 스스로 판단해서 그린다. 세밀하게 힘을 제어하는 양방향 햅틱 기술, 수천 가지 동작을 조합하고 명령을 내리는 클라우드 두뇌, 그리고 정교한 하드웨어 조작 능력이 합쳐진 결과다.

1784 내 2층 전시장에서 아르토원은 몇 달 동안 그림을 그렸다. 그림만 그리는 게 아니라 데이터를 수집해 클라우드에 올리고 이걸 다시 학습하며 새로운 알고리즘을 만드는 과정을 반복했다. 이 모습은 갓 붓을 쥐기 시작한 아이가 차차 형상을 갖춘 그림을 그려나가는 과정을 연상시켰다. 아르토원은 계획했던 1,000시간의 드로잉을 마치고 전시장을 떠나 연구실로 돌아갔다. 언젠가 우리는 1784에서 아르토'투'를 만나게 될 것이다.

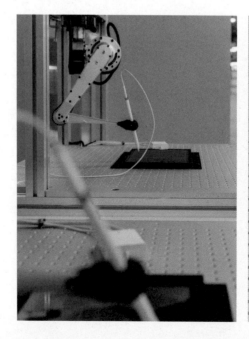
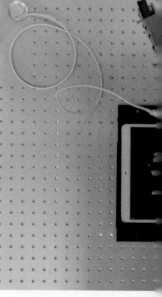

아르토원의 1,000시간 드로잉이 진행되는 동안 기쁜 소식이 들려왔다. 이 연구 결과를 바탕으로 한 논문이 지능형 로봇 국제 콘퍼런스인 IROS에서 최우수논문상을 수상했다.

전시명: 디지털트윈展 '새로운 세상으로의 연결'
전시기간: 2022.11.22 ~ 12.30
위치: 1784 2층 브랜드 스토어 옆 전시 공간

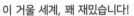

이 거울 세계, 꽤 재밌습니다!

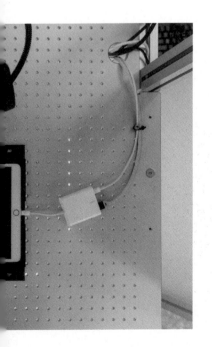

"네이버가 세계 최고의 공간 디지털 트윈 기술을 가졌다는 것을 알고 계셨나요? '디지털 트윈'은 현실 세계를 디지털에 복제하는 기술입니다. 네이버는 AI, 로보틱스, 클라우드 기술 등을 융합해 메가시티 단위의 방대한 3차원 공간을 있는 그대로 디지털로 옮길 수 있는 기술력을 가지고 있습니다. 디지털 트윈 데이터는 로봇 서비스나 자율주행, AR에도 사용되지만 스마트시티와 빌딩의 인프라로서 도시 계획과 환경 변화와 관련한 시뮬레이션으로 사용할 수 있어 활용 분야가 무궁무진합니다. 무한한 가능성을 가진 디지털 트윈이 네이버의 다양한 서비스와 접목되면 또 어떤 일들이 새롭게 시작될 수 있을지도 궁금합니다. (아마도 최초일 것이 분명한) 이 디지털 트윈 전시를 흥미롭게 살펴봐주세요!"

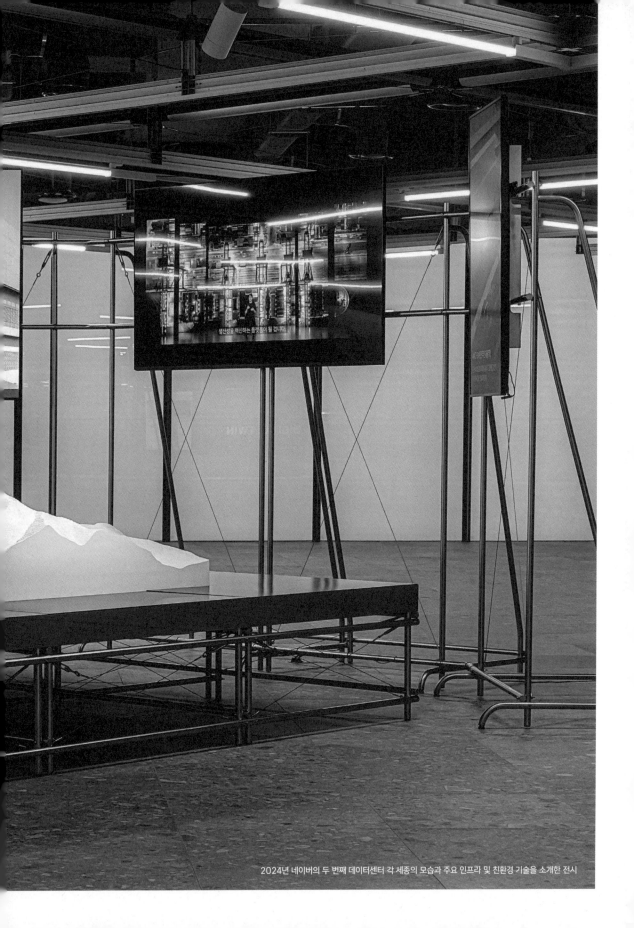

오!
뭔가 또 새로운 거 하나보다

'성장'이라는 단어가 꼭 사람에게만 적용되는 것은 아니다. 1784를 활보하고 다니는 로봇에게도 성장은 아주 중요한 포인트다. 1784가 오픈할 때만 해도 직원들의 우편물이나 택배를 나르는 업무만 담당했던 루키는 불과 몇 개월 뒤 스타벅스의 커피 배달이 가능할 정도로 업데이트되었다. 2층 카페에서부터 각 층 회의실과 직원들의 개인 업무 좌석까지 능숙하게 배달을 완료했고, 곧이어 라운지5에서 제조되는 도시락과 6층 편의점 물품도 배달하기 시작했다.

1784가 문을 연 지 약 1년 반이 지났을 무렵에는 사내 게시판에 개인 간 로봇 배달 서비스 CBT를 진행한다는 공지글이 올라왔다. 언뜻 그저 배달 물품과 영역을 확대하는 수준 정도로 보이지만 실제로는 공간, 기술, 서비스, 시스템 등 모든 영역에서 발을 맞춰야 가능한 구조다. 당연히 기존 서비스보다 훨씬 복잡해서 네이버랩스 입장에서는 상당한 도전이었다. '루키드롭'이라 부르는 이 서비스는 이제 임직원이 애용하는 배달 서비스가 되었다. 이렇게 루키의 성장은 곧 기술의 성장이자 1784라는 건물 전체의 성장이었다. 그래서 1784 안에서는 이런 말들을 자주 들을 수 있다.

'저게 뭐지?'
'오, 뭔가 또 새로운 거 하나보다.'

같은 회사 직원인 우리조차 새로운 기술을 실험하는 현장을 매번 신기하게 바라본다. 뿐만 아니라 그들로부터 많은 영감을 얻는다. '저런 기술이 가능하다면 우리 서비스와도 결합해 또 다른 시도를 할 수 있겠다'는 생각으로 자연스럽게 이어진다. 변화와 도전, 혁신 같은 아주 큰 단어를 앞세우지 않더라도 동료들이 문제를 해결해가는 모습을 보면서 동시에 자신이 가진 문제의 해결점을 발견하는 것, 그게 1784 프로젝트에서 시작해 지금까지 이어지는 생생한 도전일지도 모른다. 그리고 우리에게는 여전히 프로젝트가 진행 중으로 보이는 이유다.

1층이라는 광장

우리는 1784 내 공간 곳곳을 비워두었다. 이 비워둔 공간이 일종의 '틈'으로 작용할 것이라 기대했다. 주말 한강공원에 가면 어린아이처럼 놀 수 있는 마음이 생기는 것처럼 말이다. 각자에게 주어진 역할을 생각하지 않고 잠시 자유로울 수 있는 공간. 남들의 기대에 부합하는 일을 하지 않아도 되고, 유용한 일을 하지 않아도 되는 작은 '틈'이 사옥에도 필요하다고 생각했다.

1784 입구를 통해 1층에 들어오면, 다소 창백하고 '휑한' 느낌을 받을 수 있다. 2층으로 이동하는 에스컬레이터나 잠시 대기하거나 쉴 때 사용할 수 있는 소파 등 최소한의 시설을 제외하면 대부분 의도적으로 비워뒀기 때문이다. 전체적으로 무채색 계열에 날것의 질감을 갖는 스틸과 노출 콘크리트 등의 소재로 마감한 것도 미래지향적이고 차가운 느낌을 주는 요인이기도 하다. 하지만 이곳은 늘 비워두는 공간이 아니라 잘 채우기 위해 비워둔 공간이다. 정말로 어떤 일도 일어나지 않을 수 있지만, 어떤 일이 일어난다고 해도 놀랍지 않은 공간이 될 수 있는 것이다.

그린팩토리 시절의 로비가 주변 이웃들과 지식을 나누는 도서관이었다면 이번에는 우리처럼 IT 업계에서 일하는 사람들이 모이고 어우러지는 장소가 되기를 바랐다.

우리와 함께 일하는 다양한 파트너, 스타트업, 디자이너, 개발자 등 다양한 직업을 가진 이들이 때로는 우연히 오가며 만나고, 때로는 서로의 도전과 기술을 응원하고, 때로는 이벤트를 통해 기술에 관심 있는 누구나가 모여드는, 흥미진진한 일이 펼쳐질 공간으로 상상했다. 팬데믹 기간 동안 텅 빈 로비를 볼 때마다 아쉬움을 삼키기도 했지만 그것도 잠시, 현실은 어느새 상상을 뛰어넘고 있었다.

#2024년 3월 25일~

1784 1층에서 열린 네이버 스페셜 로고 전시.
전시 제목은 '내 일상의 클로즈업'으로 2008
년부터 현재까지 진행해온 로고 디자인 프로젝트를
소개했다. 대형 패널 앞뒤로 그동안 디자인한
로고를 엽서 크기로 제작해 선보였다. 그간 얼마나
많은 프로젝트를 쌓아왔을까? 놀랍게도 현재까지
선보인 로고 디자인은 700여 개.
2008년 연말, 크리스마스를 함께 보내는
따뜻한 가족 모습을 형상화한 로고를 시작으로
명절, 국경일, 절기뿐 아니라 지구의 날,
북극곰의 날 등 '환경'과 '한글' 등의 키워드를
형상화한 로고 디자인으로 특별한 날을 기념해왔다.
네이버 서비스를 방문하는 일 평균 방문객 수는
무려 4,800만 명. 대규모 방문객 수를 가진
서비스의 메인 로고이기 때문에 프로젝트팀이
가장 신경 쓰는 부분은 '모두가 이해할 수
있는가, 공감할 수 있는가'이다. 똑같이 흘러가는
일상이지만, 오늘 하루에 담긴 소중함과 의미를
발견하게 하는 스페셜 로고 프로젝트는 앞으로도
쭉 이어질 전망이다.

#2023년 10월 9일

1784 내 사옥 공간이 대형 캔버스로 바뀐 날도
있었다. 2008년부터 이어져온 네이버의
한글 캠페인 '한글한글 아름답게'의 15주년 전시가
1784 1층에서 열린 것이다. 이 전시가 독특했던
이유는 일정한 공간에 특별한 조형물을 세우는
일반적인 방식과 달리 1층 바닥 자체를
전시 공간으로 이용했다는 점이다. 그동안
네이버에서 직접 개발해 배포한 다양한 나눔글꼴을
각각 낱장으로 프린트해 바닥에 전시했다.
1층을 방문하는 사람은 물론이고 저층부에
위치한 각 층에서도 한눈에 볼 수 있을 정도로
커서 이 장면은 임직원들의 SNS에서 두고두고
회자되었다.

 # 2023년 10월 5일

주요 파트너사가 방문할 때면 1784는 이들을
환영하는 웰컴 메시지를 다채로운 디자인으로
전달한다. 네이버와 사업적 전략 제휴를 맺고
있는 사우디아라비아의 정부 관계자들이 1784를
방문했을 때는 다음과 같은 분위기를 연출했다.
주 출입구에 들어서자마자 보이는 5층 높이의
아트리움 공간을 활용해 커다란 웰컴 메시지를
전달하고 1층 엘리베이터홀에 있는 LED 큐브바에
맞춤형 환영 문구를 띄웠다. 만약 지금과 다르게,
1층에 네이버를 상징하는 심벌이나 특정 컬러가
존재했다면 지금처럼 다채로운 캔버스 역할을
기대하지 못했을 것이다.

#2023년 9월 21일

네이버 임직원들이 출근을 시작하는 아침부터 1784
1층에서 분주함이 느껴졌다. 층고 높은 유리 천장
아래에 마련된 넓은 공간을 무대 삼아 의자를
채우고 악기를 조율하는 장면이 펼쳐졌기 때문이다.
이날은 네이버 내 사내 커뮤니티 '클럽 그리니'의
미니 콘서트가 예고된 날. 클래식과 록, 인디 음악
등 다양한 음악 클럽이 모인 '클럽 그리니'는
탄생 1주년을 기념해 오프라인 공연을 진행했다.
주 출입구로 들어서자마자 보이는 5층 높이의
빈 공간. 1층부터 천장까지 뻥 뚫린 포디움의
아트리움은 미니콘서트장으로 제격이었다.
1층은 물론이고 2층에서 5층까지 이어지는
계단 난간에도 사람들이 모여들었다. 아트리움을
중심으로 직사각 형태의 작은 콘서트홀 같은 모습이
연출되었고 임직원들의 뜨거운 반응이 이어졌다.

"분명 회사인데, 노래 하나로 다른 공간처럼 느껴질 정도였어요. 1784에서 이렇게
좋은 공연을 볼 수 있을 줄은 몰랐습니다."

"세팅된 악기와 무대를 보며 아침 출근길부터
 설레었는데요. 덕분에 폭닥폭닥하고 따뜻한
 점심시간을 보냈습니다. 팀네이버 클럽그리니 최고!"
"오늘 공연 너무 멋지고 좋았습니다.
 뱃속 아기와 같이 듣는데 너무 신나요!"
"좋은 연주 선물해주신 분들도, 호응하며
 같이 즐겨주신 분들도 다 같이 하나되는
 좋은 자리였습니다!"
"코로나 이후에 오랜만에 회사의 다양한 분들과
 교감한 것 같은 기분이 들었어요."

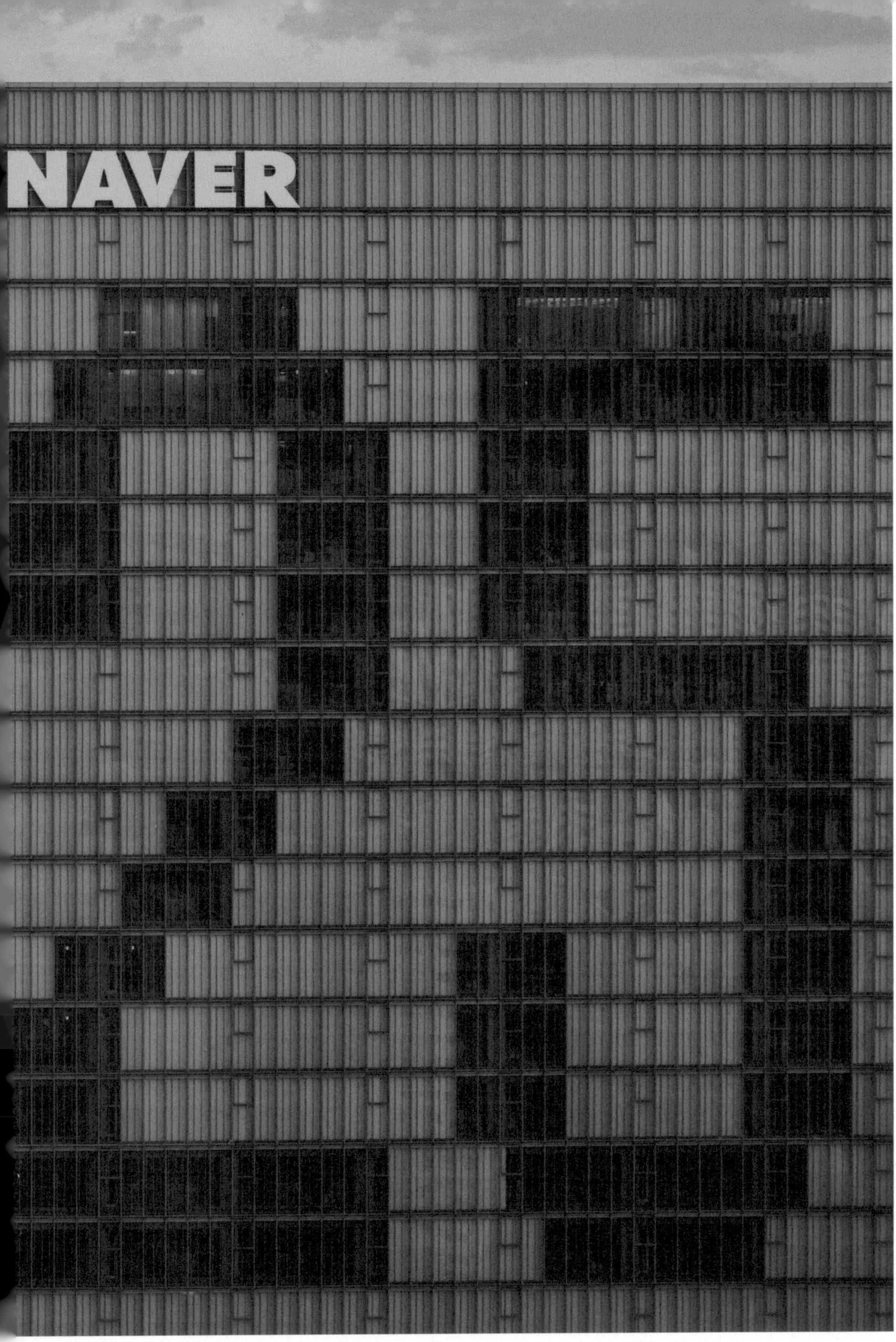
NAVER

1784는 네이버가 가진 서비스와 기술을 우리의 사옥에서 먼저 실험해보자는 의도에서 출발했다. 그러니 내부적인 필요와 목마름이 테스트베드라는 가치로 이어진 것은 어쩌면 당연한 일인지도 모른다.

그렇게 시작된 우리의 실험에 이렇게나 많은 사람이 관심을 갖고 있다는 것에 놀랐고 다양한 국가와 기업의 방문객을 보며 우리만큼이나 여러 사람이 다가올 미래를 궁금해한다는 사실에 또 한 번 놀랐다.

네이버의 다음 도전이 어떤 것이 될지 우리 역시 알 수 없지만 그 과정을 예측해볼 수는 있을 듯하다. 네이버가 지향하는 '연결'의 새로운 방식을 집요하게 고민해나갈 것이고 그 실험은 1784 안에서부터 출발한다는 것이다.

인증

2022 로봇 친화형 건축물 인증 / 최우수 등급 /
스마트도시협회

—— LEED BD+C: New Construction-v3 /
Platinum / U.S. Green Building
Council, Inc.

수상

네이버1784

2022 한국건축문화대상 / 건축물 민간부문 대상 /
국토교통부

2023 IF Design Award / Architecture /
iF International Forum Design.

—— Red Dot Design Award /
Design Concept Red Dot /
Design Zentrum Nordrhein
Westfalen

네이버1784 로비 인테리어 디자인

2022 Korea Design Award / Space Design
Interior Winner / 월간디자인

—— 골든스케일베스트디자인어워드 /
국토교통부 장관상 / 한국실내건축가협회

2023 IF Design Award / Interior Architecture /
iF International Forum Design.

네이버1784 KITCHEN B1 & SKY KITCHEN 인테리어 디자인

2022 IF Design Award / Interior Architecture /
iF International Forum Design.

CLOVA 페이스사인

2023 Red Dot Design Award / Product
Design Red Dot / Design Zentrum
Nordrhein Westfalen

특허

총 407 건

페이스사인	3	6
로보틱스(하드웨어)	35	43
클라우드 로봇 시스템	134	82
시설 연동 제어, 건축(설비)	31	31
기타	22	20

1784 안에서 일어나고 있는 이야기들은 새로운 길을 만들어가는 사람들의 이야기입니다.

상상의 영역을 현실로 바꾸고 조금이라도 더 미래를 앞당겨보려는 사람들. 1784는 그런 사람들에게 필요한 공간이자 그들이 더 큰 도전을 할 수 있도록 해주는 공간일 겁니다.

우리에게 1784가 테스트베드이듯이 세상에는 각자의 실험에 몰두해 있는 사람들이 셀 수 없이 많습니다. 그들 모두 누구도 예측할 수 없는 미래를 조금씩 더듬어가며 눈앞에 있는 문제를 풀기 위해 수많은 도전의 순간과 마주하고 있습니다.

그 한 분 한 분이 만들어가는 멋진 실험들을 진심으로 응원하며, 누군가가 걸어가는 새로운 길에 1784가 작은 힘이라도 될 수 있기를 바랍니다.

— **이해진** 네이버 창업자

대한민국 사람 중에 과거 십수 년 동안 네이버의 영향을 조금도 받지 않았다는 사람을 찾기란 쉽지 않을 겁니다. 직접적이든 간접적이든 네이버가 만들고, 연결하고, 제안하는 가치는 우리의 생활 아주 가까운 곳에서 많은 영향을 미치고 있으니까요.

저 역시 지난 15년간 네이버와 다양한 인연을 맺었습니다. 네이버의 첫 사옥인 그린팩토리를 시작으로 춘천 연수원인 커넥트원, 그리고 두 번째 사옥인 1784에 이르기까지 네이버의 상징이 되는 공간을 함께 만들었기 때문입니다. 지금이야 사옥을 돋보이게 짓고, 다양하고 과감한 투자를 아끼지 않는 곳이 셀 수 없이 많지만 그린팩토리를 처음 기획한 2000년대 중반만 해도 그처럼 대담한 시도를 하는 IT 회사는 찾아보기 힘들었습니다. 그린팩토리는 사옥에 대한 사람들의 생각을 바꾸는 중요한 이정표가 되었고, 공간이 갖는 가치가 얼마나 큰지에 대해 주목을 끌었다는 평가를 받았습니다. 미래는 맞이하는 게 아니라, 내 발로 찾아가 깃발을 꽂아야 한다는 IT 업계의 문화를 스스로 실천한 셈이죠.

그러나 이어지는 건물들을 지으면서 이 문법들을 그대로 따르지는 않았습니다. 그건 우리가 해온 과정을 믿지 못해서도, 그저 다름을 위한 다름을 만들기 위해서도 아니었습니다. 네이버는 이미 쌓아 올린 것들을 과감하게 허물고 0에서부터 출발하는 시도를 멈추지 않았습니다. 저는 그게 네이버가 일하는 방식이라고 생각합니다.

그중 1784는 과거의 프로젝트와 비교했을 때 변화의 폭이 가장 큰 프로젝트였습니다. 십수 년 동안 네이버가 다루는 영역은 드넓게 확장되었고 이들이 맞이할 미래 역시 종잡을 수 없이 변화하고 있었기 때문이죠. 그러니 건물을 지을 때도 기존과 완전히 다른 방식으로 접근하는 것이 당연했습니다.

지금도 가장 인상적인 것은 1784라는 공간이 누구의 지시에 의해서가 아니라 스스로 역할을 규정하고 많은 협업을 통해 모습을 갖춰갔다는 사실입니다. 과거 그린팩토리와 커넥트원을 지을 때만 해도 건축가의 역할이 절대적이었습니다. 공간 역시 일정한 형태를 정한 다음 세부 기획에 들어갔죠. 반면 1784는 기술과 인프라, 서비스와 콘텐츠, 시스템과 사람이 각각 어떤 역할을 할 수 있는지에 대한 고민부터 시작했습니다. 덕분에 저 역시 그동안 한 번도 협업하지 않은 영역의 전문가들과 머리를 맞대며 프로젝트를 이어갔습니다. 그러니 건축가인 저조차 1784를 '건축 프로젝트'라고만 부를 수 없음이 분명합니다.

지금 이 책을 읽기 시작한 여러분이 건축이나 공간에 관심 있는 분인지, 기술이나 콘텐츠에 관심 있는 분인지, 아니면 1784나 네이버라는 회사에 관심 있는 분인지는 알 수 없지만 한 가지는 작게나마 확신할 수 있습니다. 아마도 여러분이 1784 TF의 이야기를 모두 전해 듣고 나면 이들이 얼마나 치열하게 고민하고, 끈질기게 물고 늘어지고, 실패와 수정을 반복하고, 끈끈하게 협업했는지를 느끼실 거라는 사실입니다. 부디 여러분에게도 1784의 그 에너지가 함께하길 바랍니다.

— 박치동 1784 마스터 건축가

사람들이 '와!' 하며 감탄할 만한 것을 만드는 것은 매우 힘든 일입니다. 하지만 이것보다 몇 배는 더 힘든 일이 있습니다. 바로 당연한 것을 당연하게 만드는 일입니다. 기술이 진보한다는 것도, 미래가 가까워진다는 것도, 우리의 생활이 편리해진다는 것도 특정한 영역과 조건에 국한되지 않기 때문입니다. 그러니 '이런 것도 가능해지면 좋겠다'고 생각한 게 있다면 그걸 실현해가는 게 당연한 거죠.

그런 의미에서 누군가 1784가 어떤 곳이냐고 묻는다면 저는 '당연한 것을 당연하도록 만들기 위해 실험을 하는 곳'이라고 이야기하고 싶습니다. 아시다시피 비약적으로 발전하고 있는 인공지능은 많은 영역에 엄청난 영향을 주고 있습니다. 그중에는 제가 몸담고 있는 로봇 분야도 있죠. 로봇은 아주 오랫동안 산업 현장에서 다양한 용도로 발전을 거듭해왔지만 아이러니하게도 로봇 공학자들의 숙원은 이들을 공장 밖으로 빼내는 것이었습니다. 즉, 로봇이 보다 사람 가까이에서, 사람에게 직접적인 도움을 줄 수 있는 방향으로 발전시키고 싶은 마음이 컸던 겁니다.

1784는 이 꿈을 현실로 구현하는 실험들이 일어나는 곳입니다. 1784는 세계 최초로 로봇 친화형 빌딩으로 설계했습니다. 1층부터 28층까지 100여 대의 로봇이 건물 전체를 돌아다니며 사람을 돕기 위한 다양한 서비스를 수행하고 매일 더 도전적인 과제를 실험하고 있습니다. 이렇게 많은 로봇이 빌딩 전체에서 사람들과 인터랙션한다는 것도 유례를 찾기 힘든 일이지만, 사람과 로봇이 서로 공존하기 위해 어떤 인프라가 필요한지, 또 어떤 경험들이 완성되어야 하는지를 건물 자체로 접근한다는 것은 정말 유일무이한 사례입니다. 1784를 찾는 세계의 많은 기업과 학자들이 매번 놀라운 반응을 보이는 이유도 바로 여기에 있습니다.

하지만 질문은 다시 원점으로 돌아옵니다. 왜 이들은 이런 어려운 도전을 선택했고 어떻게 이 정도의 결과물로 풀어낼 수 있었냐 하는 겁니다. 게다가 몇몇 천재가 만들어낸 독립적인 결괏값이 아니라 각자의 자리에서 각자의 역할을 고민하며, 동시에 원팀으로 힘을 합쳐 이뤄낸 성과라는 것이 더더욱 호기심을 불러일으키는 지점입니다.

물론 이 질문에 한 가지 또렷한 답을 내놓을 수는 없겠지만 저는 이 책이 꽤 많은 부분에서 힌트가 될 거라고 생각합니다. 이 책은 그저 '네이버가 이렇게 대단한 일을 했다', '네이버가 시대의 최첨단을 달리고 있다'고 자랑하기 위해 쓴 책이 아니기 때문입니다. 오히려 남극 탐험기나 우주비행 기록처럼 '실시간으로 맞닥뜨린 상황에서 우린 어떤 결정을 했나', '어떻게 힘을 합쳤고 어떤 방식으로 문제를 해결했나'에 대한 이야기에 훨씬 가깝습니다.

저는 이 책이 아주아주 먼 미래에도 값지게 읽혔으면 좋겠습니다. 훗날에는 지금 이 책에 담긴 기술들이 너무도 당연하고 자연스러운 것일지 모르지만 그때 이 사람들이 어떻게 일했는지 들여다볼 수 있다면 우리는 다가올 미래에 대해서도 좋은 영감을 얻을 수 있을 테니 말입니다.

— 김상배 MIT 기계공학부 교수

함께한 사람들		사진	
건축 공간 PM	(주)네이버	서스테인웍스	
건축 CM	(주)한미글로벌	사진: 김진호	
건축 설계	(주)삼우종합건축사사무소		
건축 시공	(주)삼성물산		
		스튜디오 도시	
		사진: 박신영	
로봇 기술 및 서비스 기획	(주)네이버랩스		
로봇 시설물 및 연동	(주)현대엘리베이터,		
	(주)현대무벡스,	네이버	
	(주)카티스		
로봇 시스템 개발	(주)네이버랩스		
로봇 조립 / 생산	태광기업	비트윈스페이스	
		사진: 최용준	
		p. 29, p. 212, p. 213	
FaceSign 서비스 기획	(주)네이버클라우드 CLOVA		
FaceSign 하드웨어 제작	마크티(markT)		
		삼우종합건축사사무소	
		사진: 홍성준	
인테리어 설계	유랩, 아키모스피어,	p. 2, pp. 4 ~ 5, pp. 16 ~ 17,	
	비트윈스페이스, (주)엄지하우스	pp. 22 ~ 23, pp. 26 ~ 27,	
인테리어 시공	(주)엄지하우스, (주)다원앤컴퍼니	pp. 30 ~ 31, pp. 32 ~ 33, p. 53,	
오피스 가구	우피아, 레어로우	p. 59, p. 63, p. 67, p. 86, p. 107,	
디자인 가구	이로디자인플래닝	p. 110, p. 149, p. 169, p. 170,	
조경	(주)디자인알레	p. 171, pp. 262 ~ 263, p. 330,	
사이니지 제작 및 시공	(주)국광플랜, (주)몽당연필	p. 331, p. 342	
공간 미디어 디자인	(주)뉴타입 이미지웍스		
직원 유니폼 디자인	스튜디오 오유경		
		아키모스피어	
		사진: 최용준	
		pp. 18 ~ 19, p. 226, p. 227,	
		pp. 228 ~ 229	
		유랩	
		사진: 강민구	
		p. 187, pp. 244 ~ 245, p. 246,	
		p. 247	

1784 THE TESTBED

네이버의 두 번째 사옥 1784를 만들기까지
TF 멤버들이 도전한 2,000일간의 기록

제작	네이버
기획	네이버 Creative & Experience
지은이	네이버 1784 TF

엮은이	디자인프레스
디자인	신신

펴낸곳	네이버
문의	dl_naver_testbed@navercorp.com

가격	22,000원
ISBN	979-11-988439-0-6

1784.navercorp.com